ハンナ=アーレント
（New School University 提供）

ハンナ＝アーレント

●人と思想

太田　哲男 著

180

CenturyBooks　清水書院

まえがき

二十世紀とは

二十世紀とはどのような世紀だったのか。それを回顧し、位置づける試みが近年さまざまになされた。イギリスの歴史家ホブズボームの『20世紀の歴史　極端な時代』もその一つである。この本の冒頭には、「一二人が見た二〇世紀」として、著名人が二十世紀を大局的に眺めた言葉が、それぞれ短く引用されている。その引用の一部を拝借すると、

アイザイア＝バーリン（哲学者、イギリス）、「申し添えておかねばならないが、私は個人としては何の苦しみも受けずに二〇世紀の大部分を生き抜いてきた。この世紀は西欧の歴史におけるもっとも恐ろしい世紀としてしか、私には回想できない」

ルネ＝デュモン（農学者、生態学者、フランス）、「私は、それを虐殺と戦争の世紀としてしか見ていない」

ウィリアム＝ゴールディング（ノーベル賞受賞者、作家、イギリス）、「今世紀は、人類史上もっとも暴力的な世紀であったと、私は考えざるを得ない」

という具合である。(1)

二十世紀を「もっとも恐ろしい世紀」「もっとも暴力的な世紀」とする把握は、現在の多くの日本人の同意を得ることができるであろうか。おそらく、できないだろう。

ホブズボームは、同じ本の中で「過去の破壊、というか個々人の現在の体験を何世代か前の人々の体験と結びつけていく社会的な仕組みの破壊は、二〇世紀末のもっとも象徴的でかつ不気味な現象の一つである」(訳書、五頁以下)と書き、その一例として、「『第二次世界大戦』というからには『第一次大戦』があったのかと、けっこうよくできるアメリカの学生から質問されたことがある」ということを挙げている。日本の場合も、「過去の破壊」は、すさまじい。

『全体主義の起源』

本書が扱うハンナ＝アーレント(一九〇六〜一九七五)の代表作である『全体主義の起源』(一九五一年)は、「もっとも恐ろしい世紀」の核心を形成する「全体主義」とは何かを考えるために不可欠の本だといえよう。この本は、第二次世界大戦終結の数年後に書かれた。それは、まずは、全体主義とはいったい何だったかを理解しようとするものであったが、同時に全体主義の企てによって倒れた人々に紙碑を建てる試みでもあり、全体主義とは何かを読者の記憶の中にとどめようという試みでもあった。

二十世紀を生きたハンナ＝アーレント

先に挙げたホブズボームの本の原題には、「一九一四〜一九九一」という副題が付けられていて、それに従えば二十世紀を区切る基本的な基準は、第一次世界大戦の開始から冷戦の終結までだということになる。その開幕となる第一次世界大戦は、一九〇六年十月生まれのハンナが七歳のとき開始されたのであるから、ハンナ＝アーレントは、まさしく二十世紀とともにその生涯を歩み始めたことになる。

本文でも言及するが、一九一九年初頭、ローザ＝ルクセンブルクたちの指導したゼネストがドイツで行われようとしたとき、ハンナの母は、十二歳の娘に言った。

「よく見ておきなさい。これは歴史的瞬間よ。(2)」

ハンナは、まさしく二十世紀の「歴史的瞬間」を数多く見、また、自ら経験して生きた。その見聞を徹底的に掘り下げ、考え抜いて、まさしく二十世紀の記念碑的著作の一冊というべき『全体主義の起源』を書き、そして『人間の条件』などを書いた。

ハンナの友人で『全体主義の起源』の執筆に助力をしたアルフレッド＝ケイジンは、ハンナの仕事は「戦争が我々に明らかにしてくれた恐怖に対し立ち向っていく勇気を与えてくれた(3)」と書いていた。

このように言うと、それは二十世紀も前半の問題に関してではないかと考えられるかもしれない。しかし、そうではない。そうではないということを、私は本書で説明するつもりであるが、それは本文にゆずるとして、リチャード＝バーンスタインは次のように書いている。

アーレントは、一九八〇年代には、東欧の多くの反体制派にとってのヒロインになった。（それはちょうど、一九六〇年代の公民権運動初期の時代のアメリカ人にとって、アーレントがヒロインだったのと同じである。）アーレントは、「希望」についての政治的思索をする人として読まれたのである。(4)

ハンナ＝アーレントは、なぜヒロインになったのか。それは彼女が「自由が姿を現わすことができる公的空間」の創造の意義を説いたことと不可分であろう。彼女が『過去と未来の間』（一九六八年）の「序」を書いた六〇年代のアメリカは、「政治の季節」の頂点にあった。その「序」のなかで、彼女は、「近代の奥深く秘められている物語を政治的に呼び覚ます革命――一七七六年〔アメリカ独立革命〕のフィラデルフィアの夏と一七八九年〔フランス革命〕のパリの夏から、一九五六年〔ハンガリー革命〕のブダペストの秋にいたる――の歴史」について語った。

「近代の奥深く秘められている物語」が一九八〇年代末の東欧でも姿を現したとすれば、アーレント自身は一九七五年に死去したけれども、彼女の議論は八〇年代末から九〇年代初頭の「歴史的瞬間」にまで関わったことになる。
すなわち、彼女の生涯の関わるところ、第一次世界大戦勃発の「閃光」から「東欧革命」に及ぶ。バーンスタインは同じ本の中で、アーレントを「二十世紀の最も独創的な政治思想家の一人」と評しているが、「政治思想家」とだけ限定できるのかということは別として、この評は、おおかたの同意を得られるところに違いない。

「人と思想」シリーズの一冊としての本書では、まず、ハンナ＝アーレントの経歴を、一九五一年のアメリカ合州国市民権の獲得までの時代を中心に紹介する。その後に、彼女の著作の概略を『全体主義の起源』を中心にして見ていくことにしよう。本書にはアーレントの著作からの引用が多いが、彼女自身の文章に接することで彼女の思想に親しんでもらえるきっかけになればと考えた次第である。

（1）ホブズボーム『20世紀の歴史　極端な時代』上、河合秀和訳、三省堂、一九九六年。
（2）Elisabeth Young-Bruehl, *Hannah Arendt : For Love of the World*, Yale University Press, 1982, p.28
（3）ケイジン『ニューヨークのユダヤ人たち』Ⅱ、岩波書店、九八頁。ケイジンについては『全体主義の起源』の項でまた触れる。
（4）Richard J. Bernstein, *Hannah Arendt and the Jewish Question*, The MIT Press, 1996, p.2

目次

凡　例

一、本書では、ファーストネイムとファミリーネイムの間は「・」でなく「＝」で表記している。これは、この「人と思想」シリーズを通じての表記法に従った結果である。引用部分では原文の表記に従っているため、「ハナ＝アーレント」と「ハンナ・アレント」などが混在して違和感があるが、致し方ない。

二、ハンナ＝アーレントの著作からの引用に際しては、ヤング‐ブルーエル『ハンナ・アーレント伝』についてはは原書の頁付けを、それ以外の著作で日本語訳のあるものは、本書巻末に掲げた日本語訳を借用し、その主なものについては、左記の引用略号と頁数だけを記した。（右記『ハンナ・アーレント伝』については、本書の原稿執筆が日本語訳の刊行より早かったこともあり、日本語訳の頁数を記すことは断念した。）ただし、一部には、既訳書の訳文を変更した場合もある。「教養書」としての本書の性格上、出典の原典頁付けは省略し、訳文の箇所や変更についても、必ずしも厳密には示していない。

引用略号

『全体主義の起源』　書名は省略し、訳書の巻数と頁数を（Ⅰ、一一）のように表記する。
『人間の条件』　ＨＣ
『イェルサレムのアイヒマン』　アイヒマン
ヤング‐ブルーエル『ハンナ・アーレント伝』　ＹＢ
『アーレント＝マッカーシー往復書簡』　ＡＭ
『暗い時代の人々』　暗い時代
『過去と未来の間』　過去と未来
『革命について』　革命
『カント政治哲学の講義』　政治哲学講義

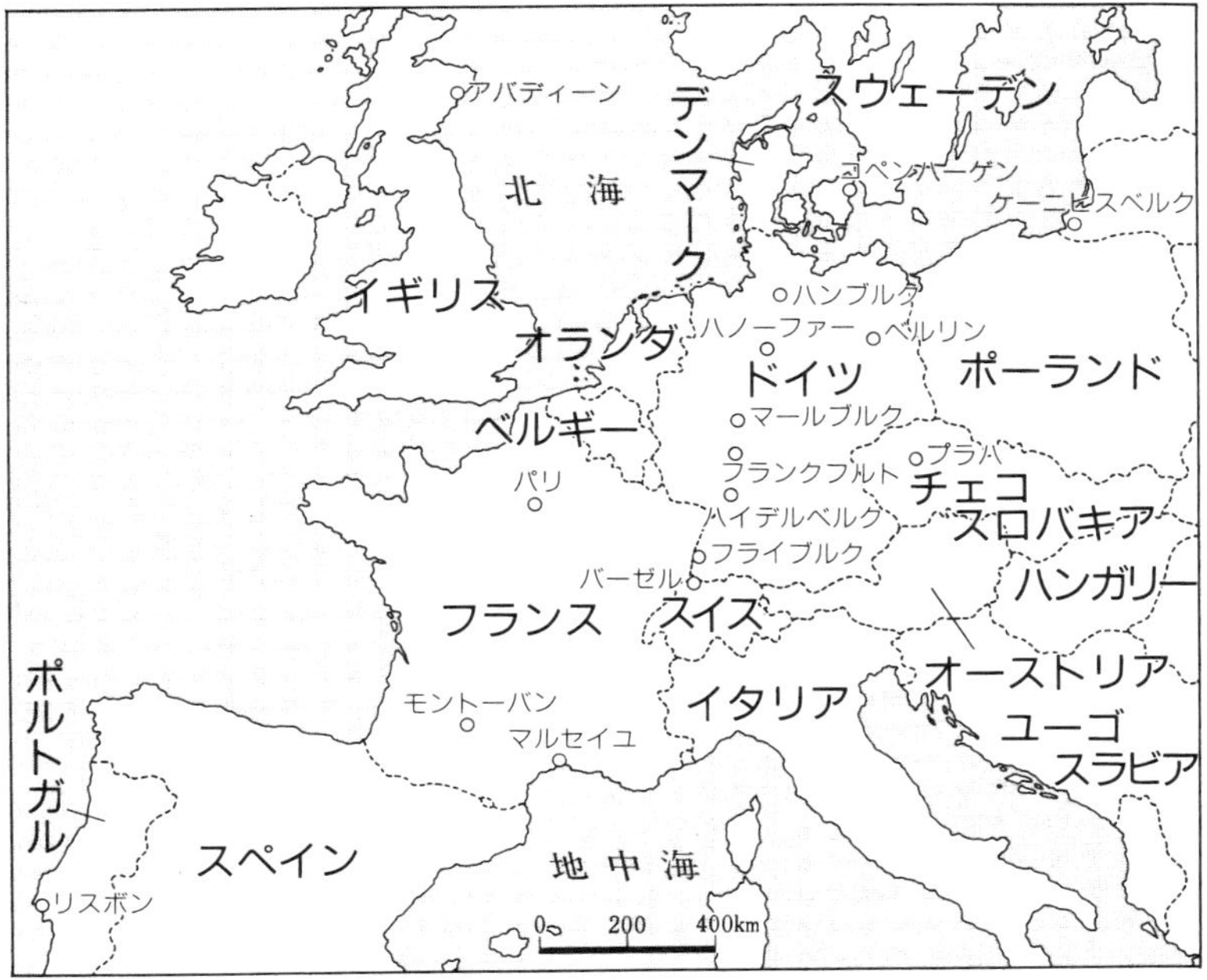

ハンナ=アーレント関連地図

I

ハンナ＝アーレントの生涯

――前半生を中心に

一　少女時代

ハンナ＝アーレントとその家系　ハンナ＝アーレントは、パウル＝アーレント（一八七三〜一九一三）とその妻マルタ（一八七四〜一九四八）のただ一人の子どもとして、一九〇六年十月十四日にドイツ北部の都市ハノーファー近郊リンデンで生まれた。父パウルは技師。ハンナの両親はケーニヒスベルク（現在はロシアのカリーニングラード）の出身で、ともに若い時から社会民主主義的な運動に加わり、当時のユダヤ人の運動と進歩的な教育の理念の影響を受けていた。両親は、ハノーファーで暮らす以前には、ベルリンに数年間住んでいたが、やがてこの家族はケーニヒスベルクに戻り、ハンナはそこで大学入学までの青春時代をすごした。バルト海に面したケーニヒスベルクは、ハンナ＝アーレントの思想に甚大な影響を与えることになるカント（一七二四〜一八〇四）がその生涯を送った街である。

マルタの父ヤーコプ＝コーン（一八三六〜一九〇六）は、ロシア領リトアニアに生まれ、一八五二年、ロシア皇帝によるユダヤ人圧迫（ポグロム）が強まった時期に、ケーニヒスベルクに移住してきた。

ヤーコプの父が始めた小さな茶の輸入会社は、ヤーコプが経営する頃には、ケーニヒスベルク最大の会社「J・N・コーン商会」となった。

ヤーコプと最初の妻との間には三人の子どもができた。そして、ロシアからの移民だった二番目の妻との間には四人の子どもができたが、ハンナの母マルタは、その一人として一八七四年に生まれた。ヤーコプは一九〇六年に死んだが、彼の七人の子どもたちと十二人の孫たちは、第一次世界大戦期までは裕福に暮らしていた。

他方、ハンナが非常に尊敬していた父方の祖父マクス＝アーレント（一八四三〜一九一三）は、「ユダヤ教を信仰するドイツ公民中央会」のメンバーで、ケーニヒスベルクのユダヤ人社会の指導者の一人だった。当時アーレント家の客となっていた人びとの一人に、クルト＝ブルーメンフェルト[1]がいたが、彼は後にシオニストの指導者となり、また、ハンナの友人となった。

ドイツのユダヤ人といっても、裕福な人びともいるかわりに、比較的最近に東方から移民してきた貧しい人びともいて、両者は居住地域を異にしていた。ヤング＝ブルーエルによれば、当時五千人のユダヤ人がケーニヒスベルクにいたという。アーレント家は裕福な人々の地区にあり、ハンナの両親の友人たちも、医師、弁護士、教師、音楽家などの職業の人々だった。ハンナの母マルタは実に社交的な性格だった。マルタはまた、娘の成長をノートに記録していた。『私たちの子ども』と名付けられたその記録（YB、一三）によれば、ハンナは、「太陽のように健康で、機敏で、陽気な子どもだった」という。ハンナの母は、三年間パリでフランス語と音楽を勉強した人で、ハンナに音楽と語学を教え、一緒にプルーストを原文で読んだという。『全体主義の起源』第一部には、プルーストの『失われた時を求めて』に関する記述が印象的に登場するが、ハンナのプルースト読みは実に年季の入ったものだったのである。ハンナは、父親の持っていた小さな書庫も、精力的に利用するようになった。

年少の頃のハンナは、祖父のマクスとしばしば一緒にすごしたが、この祖父の生き生きと物語を語る能力がハンナに残した印象は深く、歴史に対する彼女の限りない情熱をはぐくんだ。

ユダヤ人として

ユダヤ人であるということについて、ハンナは後年、次のように回想している。

> 母はもちろんユダヤ人であり、わたしに洗礼を受けさせるようなことはありませんでした。仮にわたしがユダヤ人であることを拒み、母がそれを知るようなことがあれば、わたしをぶっただろうと思います。それは話題にすら上らない問題外のことでした。しかし、わたしの青年期にあたる一九二〇年代には、その問題が社会で演じる役割自体は、母自身にとってそうであるよりもはるかに大きなものになっていましたし、わたしが成人したころには、母にとっても今までになかったほど重要な意味をもってきます。しかし、それは外的な環境によるものだったのです。（「何が残ったか」[2]）

ここにはユダヤ人であることの位置や意味が、一九二〇年頃を境に大きく変化したことが語られている。ユダヤ人という自覚は、子どものハンナにも教育されていた。
ユダヤ人としての自覚という問題に関して、ハンナはその母から、「屈服してはならない。自分で自分を守らなければならない」と教えられていたという。彼女は次のように回想している。

　たとえば、たいていはわたしに対してではなく、東欧ユダヤ人の生徒など他のユダヤ人の生徒に対してでしたが、学校の教師などが反ユダヤ主義的な発言をすることがありました。そういう場合は、すぐさま立ち上がり、教室を去り、家へ帰り、すべて詳しく報告するように指示されていたものです。すると、母はきまって書留の手紙を書き、わたしからすれば、それで事は当然にもすっかり片づいたという具合でした。わたしは一日学校にいかなくてもよくなり、それがけっこう楽しかったのです。しかし、そうした発言が子どもたちによってなされたものであれば、家でそのことを話すのは許されません。それはカウントされなかったのです。子どもたちのあいだでのことは、自分で自分を守らなければなりませんでした。（「何が残ったか」）

というのである。
また、ヤング＝ブルーエルの伝えるところでは、アーレントは自分が偏見なく育ったとヤスパースに語ったという（YB、一二）が、それも、このような母親の教育と関連しているといえよう。

祖父と父の死・第一次世界大戦　一九一三年三月、祖父マクスが死去し、そのあとを追うようにハンナの父パウルが四十歳で病死した。

やがて一九一四年夏、第一次世界大戦（～一九一八年十一月）が起こった。それまで帝国主義戦争に反対していたドイツ社会民主党の国会議員団は、八月四日、戦争予算に対して賛成投票をするに至っていた。これは、ドイツ帝国の戦争突入への一つの条件であったし、国際的な労働運動と反戦の組織であった第二インターナショナルの崩壊をも意味した。戦争賛成に回ったドイツ社会民主党に反発して、ローザ＝ルクセンブルクとカール＝リープクネヒトなど同党内の一部は、一九一六年一月、スパルタクス団（ドイツ共産党の前身）を結成した。

一九一八・一九年には、ハンナの家は、ベルンシュタイン系の穏健な社会民主主義的サークルの集合場所になっていた。ハンナの母は、スパルタクス団の社会民主党からの分離に対しては批判の眼を向けていた。けれども、ローザ＝ルクセンブルクには尊敬の念を持っていたという。（YB、二七以下）

ハンナはのちに「第一次世界大戦によってもたらされた一連の破局」（Ⅱ、一三六）について書くが、戦争末期に至ると、さしもの彼女の家の経済状況も悪化し、ハンナの母の実家の会社も破産した。

哲学の世界との接触

戦争が終わったあとの一九二〇年に、ハンナの母はマルティン＝ベーアヴァルトと再婚した。妻と死別していた彼は裕福な鉄器商人で、ロシア出身の金貸し業者の息子だった。ハンナはこの継父には余りかかわり合いを持たなかったが、彼の仕事は第一次世界大戦後の天文学的なインフレの時代にも好調で、ハンナとその母の経済状況も安定するようになった。

ルイーゼ・シューレの生徒だったハンナは、ある教師とのいざこざから、その教師の授業ボイコットを組織し、その結果、学校を去ることになった。彼女はしばらくベルリンで暮らし、ベルリン大学でギリシア語とラテン語のクラスの他に、キリスト教的実存主義の学派の有力な一員であるロマーノ＝ガルディーニの講義を聴講した。（YB、三四）

当時のハンナは、ギリシアの詩からドイツやフランスのロマン主義の小説などに熱中していた。文学と同時に哲学にも特別な関心をもち始めていたハンナは、何と十六歳でカントの『純粋理性批判』と『単なる理性の限界内における宗教』、出版されたばかりのヤスパースの『世界観の心理学』、キルケゴールの著作を読んだという。

彼女は周囲の人びとの助力も得て、一九二四年に大学入学資格を得ることができた。独学の時代を経て、十代の頃には病気がちだったハンナは見違えるように健康になり、至って社交的な女性となっていた。

ハンナが大学に通うようになった一九二四年は、第一次世界大戦後のドイツのインフレも収束し、政治的にもやや安定した時代となっていた。大学生の数も戦前の二倍ほどになっていた[3]。

ハンナの大学の学費については、奨学金が得られたのと同時に、父方の叔母フリーダの夫エルンスト＝アーロンが継続して支出してくれた。ハンナは、このことに長く感謝し続けた。大学在学中に、義父ベーアヴァルトの商売は傾いたけれども、アーロンの援助があったので、学業を続けることができた。

当時のドイツの大学生はいろいろな大学を経巡っていた。ハンナもその例に倣い、大学では神学を研究しようと、まずはマールブルクに行った。

二　学生時代

二十世紀初頭のドイツの哲学界　十九世紀後半から第一次世界大戦期にかけてのドイツの哲学界では、新カント派が有力であった。他方、フッサール（ドイツ系ユダヤ人。一八五九～一九三八。一九一六～一二八年にフライブルク大学教授）は、『論理学研究』（一九〇〇年第一巻）から『イデーン』（一九一三年第一巻）に至り、現象学を確立し、その影響を広めつつあった。

マルティン＝ハイデガー（一八八九～一九七六）がアカデミーの世界に入り、フライブルク大学講師となったのは、一九一五年。そのフライブルク大学のリッカート（一八六三～一九三六）は、第一次世界大戦以前からフッサールの現象学に批判的であったけれども、リッカートがハイデルベルク大学に移ると、その後任にフッサールが就任した。こうした経緯で、ハイデガーは、フッサールのもとで直接に現象学的方法を学び、一九二三年にマールブルク大学に助教授となって移った（二八年まで。二八年以降はフライブルク大学教授で、三三年学長）。マールブルクに移ったハイデガーが親しくなったのは、哲学者のニコライ＝ハルトマン、『福音書の伝承の歴史』で知られるプロテスタント神学者のルドルフ＝ブルトマンであった。

マールブルク大学でのハイデガーとの出会い

マールブルクに始まったハンナの大学生時代（一九二四〜二九）のドイツは、資本主義の「相対的安定期」に当り、当時のハンナには、政治的な関心は全くなかった。一九二四年秋、友人の学生が「はっとするほど美しい容姿」を持ち、しかも非凡だった（ホイヤー、七頁）という十八歳のハンナは、ハイデガーに出会った。ハンナ＝アーレントは一九六九年に、当時のハイデガーを「思考の王国の隠れた王」だったと回想している。

ハイデガー

当時のハイデガーのゼミナールや講義は、二十世紀を代表する哲学書の一つとなる『存在と時間』（一九二七年刊）にやがてつながっていく内容を含むものであった。ハンナがマールブルク大学で受けたハイデガーの講義は、アリストテレスの「アレテー（真理）」概念の解釈に関する講義やプラトンの『ソピステス』のテクストを逐一読んでいく講義だった。こうした古典を独自に徹底的に読むことで、ハイデガー自身は、彼の言葉を使えば、「存在の意味」についての問いに導かれて、「基礎的存在論の基礎付け」のために格闘していた。この格闘、あるいは「情熱」がハンナを含む学生たちを引きつけていた。ハンナにとって、ハイデガーとの出会いですべてが変わった。

ハイデガーがその代表作『存在と時間』の執筆に打ち込んでいた際、ハイデガーに大きな刺激を与えたのは、アーレントとハイデガーの間の徹底的な討論だったという。それだけでなく、ヤング

＝ブルーエルによれば、ハイデガーはハンナの先生というだけではなく愛人だということを、周囲のだれもが疑わなかったという。（YB、五〇）だが、ハンナより十七歳年長のハイデガーには、妻と二人の息子がいて、ハンナのために彼の生活を変えようという気はなかった。ハンナは、ハイデガーとどんなに深く結びついたとしても、二人の愛に未来はないと悟らざるを得なかった。当時彼女が書いた詩の中に、次のような一節が見える。

どうしてあなたは、私の手を取るとき、
秘め事のように用心深くなさるのでしょう？
あなたは、私たちのワインを知らないほど、
遠くから来た人なのでしょうか？　（YB、五四）

ハイデガー、フッサール、ヤスパース　ハイデガーの弟子に当たるカール＝レーヴィット（一八九七〜一九七三）は、「わたしの精神的成長は、彼のおかげ」だと書いている。そういう関係のレーヴィットでさえ、「他人とのつきあいで率直になるということが彼〔ハイデガー〕にはできなかった」とも書き、さらに、「彼にとって自然なのは、注意ぶかいずるい不信だった」と書いている。[4]この観察が妥当だとしても、個別には、まして男女の間となると、話は単純ではなかろうが、その機

微を探るのは難しい。

マールブルクでは、ハンナはハイデガーとの秘められた交際のゆえに孤立していたが、ケーニヒスベルク出身者のグループとは接触をもっていた。その中に、ユダヤ人学生のハンス＝ヨーナスがいて、ハンナとハンスとの友情は、ハンナの死まで続いた。

マールブルクで一年をすごしたハンナは、ハイデガーの師フッサールのところで勉強するために、一九二五年にフライブルクへ

フッサール

移った。ハイデガーへのハンナの愛を知っていた、ハンナの友人アンネ＝メンデルスゾーンは、ハンナに、ラーエル＝ファルンハーゲン（一七七一〜一八三三）の書簡集を紹介した。ハンナはラーエルに共感し、百年前のこの女性がハンナの「最も近しい友人」となり、のちに触れるが、ハンナはやがて『ラーエル＝ファルンハーゲン　ドイツ・ロマン派のあるユダヤ人女性の生涯』を書くことになる。
ハンナは、もはやハイデガーのもとで学位論文を書くことはできなかった。もしも二人の関係が発覚したら、双方が傷ついたであろう。そうした関係から、ハイデガーはハンナにハイデルベルク大学へ行くようにと指導した。そこには彼の友人ヤスパース（一八八三〜一九六九）がいたからである。

ヤスパースは『精神病理学総論』（一九一三年）によって名声を得ていたが、『世界観の心理学』（一九一九年）を出した頃から、関心を哲学に向け始めた。ヤスパースは「世界観」の諸類型を考えるとき、方法論的には、マクス＝ヴェーバー（一八六四〜一九二〇）の「理念型」の考え方から示唆を受けていて、ヴェーバーはヤスパースにとって、掛け替えのない友人だった。

一九二〇年、フッサールの誕生日の会で、ヤスパースとハイデガーは出会っていた。ハイデガーがヤスパースの『世界観の心理学』の書評を書いたこともあって、両者は手紙のやり取りをし、会って討論をし、ハンナ＝アーレントの教育について責任を分担するに至っていた。

ヤスパース

ヤスパースの印象

ハンナが出席するようになったヤスパースの講義は、完成した教説の提示の場ではなくて、まさしくコミュニケーションそのものだった。

ハイデガーとは違ってヤスパースには、「他の誰にも見られないほどの率直さ、信頼性、語り合いにおける制約のなさ」（「何が残ったか」一七四）があって、アーレントはこうした資質に感銘を受けていたという。アーレントは、ヤスパースの下でカントの著作を新しい視点で読みなおすことになった。彼女は次のように回想している。

ヤスパースは、ハイデルベルクに来た当時のわたしにはまったく未知のものであった自由の概念を、理性と結び合わせていたのです。わたしもカントを読んでいましたが、そんな風に考えてみたことはありませんでした。ヤスパースという人にあっては、この理性がいわば実践されていたのです。そして、わたしには父がいませんでしたから、そうした理性を見ることによって、いわば育てられたと言ってもよいかと思います。（「何が残ったか」一七四）

ヤスパースとハンナの親交は、一九六九年二月のヤスパースの死まで続いた。

ハンナ＝アーレントは、ハイデガーが主著『存在と時間』にまさに取りかかっていたときに学生生活を始めたのだったが、彼女がハイデルベルクに着いたのはヤスパースが哲学上の主著『哲学』三巻（一九三二年刊）に取りかかっていたときだった。つまり彼女は、大戦間時代のドイツ哲学の代表的著作が出版されるところに居合わせたというだけでなく、この二人の哲学者のクラス・討論に参加することができたのだった。

ハイデルベルクの「知的共同体」　マクス＝ヴェーバーは、自宅の広間にハイデルベルク大学の教授たちを定期的に招いていたが、彼の死後、寡婦となったマリアンネ＝ヴェーバーはこの習慣を継続していた。そこに集まったのは、ヤスパースの他、マクス＝ヴェーバーの弟で社会学者のアルフレッド＝ヴェーバーや文学者のフリードリヒ＝グンドルフ、プロテスタント神学者のマルティン＝ディベリウスなどがいた。ヤスパースは、これらの人びとの講義を聴くようにハンナにすすめた。ディベリウスの新約聖書の講義とギリシア語・ラテン語の該博な知識は、ハンナがアウグスティヌス（三五四～四三〇）に関する学位論文を書く際に、特に重要なものとなった。

ヤング＝ブルーエルは、ハンナのマールブルク時代とハイデルベルク時代を対比している。ハイデガーという男性としか接点のなかったマールブルク時代に対して、ヤスパースとその同僚たちの作る「知的共同体」に包まれたハイデルベルク時代。ハイデルベルクでは、ハンス＝ヨーナスもハイデルベルクにやって来ていたし、ハンナにはさらに多くの学生の友人たちもできた。この男子学生たちはハンナに引きつけられた。

この対比は、次のように表現することもできよう。マールブルク時代のハンナは、ハイデガーの影響を受け、深く内面的でロマンティックな気分にひたされていたけれども、ヤスパースはそこから彼女を解き放った。それは、ヤスパースの哲学の言葉を借りれば、「哲学的交わり〔コムニカツィオーン〕」を通じてであった。

ヤスパースの哲学は、「真理とコミュニケーションとを同一のものと考える哲学」（暗い時代、一〇八）であった。のちのことになるが、アーレントはヤスパースを次のように特徴づけた。

比類のない対話能力、話を聞く際の素晴らしい正確さ、自分自身を率直に表明するための不断の準備、討議中の問題に固執する忍耐力。（暗い時代、一〇〇）

ハンナ＝アーレントはのちにラーエル＝ファルンハーゲンについての本を書く。ラーエルはベルリンにサロンを開いたが、マリアンネ＝ヴェーバーを中心とするサロンは、女性を軸にして知的な人びとを集めているという点でも、また、そこにハンナなどのユダヤ人がいるという点でも、ラーエルのサロンと共通していた。

『アウグスティヌスの愛の概念』　ヤスパースの下でアーレントは、一九二八年、彼女の学位請求論文『アウグスティヌスの愛の概念　一つの哲学的解釈の試み』を書き上げた。これは、ハイデガーやヤスパースの哲学の影響のもとに書かれたもので、初期キリスト教会の教父アウグスティヌスの実存主義的解釈とでもいうべきものであった。[5]この論文でアーレントは学位を取得し、その学位論文は、翌二九年、ヤスパースが編集刊行していた叢書『哲学的諸研究』の第九分冊として出版された。[6]

実存主義的解釈といっても、ハイデガーの哲学では「死」が重視されているのに対して、アーレントの論文では、アウグスティヌスに連なる人間の「誕生」が重視されていた。

アーレントにとってのアウグスティヌスの重要性は、彼女ののちの著作にも現れている。「始まりが存在せんがために人間は創られた」というアウグスティヌス『神の国』の言葉の引用によって『全体主義の起源』が閉じられ、『人間の条件』第一章において、「人間の条件」としての「多数性」

への最初の言及への注記の中に、同じくアウグスティヌスの『神の国』が参照されていることに、その一端がうかがえる。

三　ナチスの台頭

シュテルンとの結婚

大学を卒《お》えた後のハンナは、一九二九年にギュンター＝シュテルンとベルリンで再会した。この二人は、マールブルクのハイデガーのところで出逢っていた。フッサールのもとでドクターの学位をとっていたシュテルンは、マールブルクに移り、そこでハンナと顔見知りになったのだった。再会したハンナとギュンターは、九月に結婚し、ハンナはベルリンで、ドイツ・ロマン主義とラーエル＝ファルンハーゲンに関する研究を始めた。ヤスパース、ハイデガー、ディベリウスの支援のおかげで、この研究のためのスカラシップを得ることができた。

ハンナとギュンターは、中流階級の同化ユダヤ人であるという点でも、ハイデガーやヤスパースによる哲学の革新という動向に共鳴している点でも、共通点があった。それに、ハンナの母はギュンターを気に入っていたし、ハンナもギュンターの両親を尊敬していた。ハンナの学位論文の校正に、ギュンターは協力をした。その後、カール＝マンハイムの『イデオロギーとユートピア』の書評を共同で書き、また、リルケの詩『ドゥイノの悲歌』論を共同で書いた。

しかし、一九二九年十月にニューヨークで始まった世界恐慌はドイツにも波及していて、若い二人の暮らし向きは芳しいものではなかった。

ハンナには大学教授資格取得のことは念頭になかったけれども、ギュンター＝シュテルンはそれをめざした。シュテルンは、当時フランクフルト大学の哲学講座を担当していたプロテスタント神学者・哲学者のパウル＝ティリッヒ（ナチス政権成立とともに渡米）などの下で、音楽哲学の領域での資格取得論文を書くよう示唆を受けていた。けれども、当時その助手だったテオドール＝アドルノ（一九〇三～六八）は、音楽の社会的状況に関連するマルクス主義的研究を書いている頃で、一年がかりでシュテルンが書き上げた論文を、その中にマルクス主義的な観点の片鱗もないという理由で認めなかった。（YB、八〇）この経過にハンナは怒り、以来、ハンナのアドルノに対する不信が、事あるごとに増幅した。

シュテルンは、やがてベルトルト＝ブレヒト（一八九八～一九五六）の仲介で、ある新聞社のスタッフになった。

アーレントとアドルノ

話はいささかそれるが、アドルノやホルクハイマー（一八九五～一九七三）などのフランクフルト学派の面々は、フランクフルトにあった社会研究所を、パリに、そしてニューヨークに移すなどして、ナチスに抵抗を続けた。アドルノとホルクハイマーの『啓蒙の弁証法』（一九四七年刊）などは、アーレントと問題関心において重なる部分があるにもかかわらず、アーレントの著作には、フランクフルト学派に言及するところが極めて少ない。それは、アーレントがアドルノを軽蔑していたことによる。

その軽蔑の内容に関する点を、アーレントは、一九六六年六月のヤスパースに宛てた手紙に、次のように書いている。

> 忘れないうちに。私はアドルノについてのご質問にお答えしなければなりません。アドルノは一九三三年に〔ナチス〕政権と連携しようと試みて失敗したのですが、このことが、フランクフルトの学生新聞『ディスクス』によって発覚したのです。これに対してアドルノは、言い表せないほど情緒的な書簡で応答しましたけれども、この書簡はドイツの人びとに強い印象を残しました。このことの真に嫌悪すべき側面は、ユダヤ人といっても半ユダヤ人である彼が、友人たちに何ら知らせることなく、この試みをしたということです。そもそもアドルノは、彼の母方がイタリア人であるということ（ヴィーゼングルント対アドルノ）が彼を救うと希望していたのです。[7]

これは、一九六四年一月に前記の学生新聞にナチスに迎合的な部分を含む一九三〇年代のある評論文の筆者がアドルノではないのかという「公開書簡」が発表され、アドルノがそれを認めたことをふまえている。[8] また、アドルノがヴィーゼングルントというユダヤ人を思わせる父方の姓でなく、母方のアドルノというイタリア的な姓を使うようになったこと自体がすでに問題だったのだ、というのである。思想史家のマーティン＝ジェイは、この姓の問題についてのアーレントの「憶測は信じがたい」として反論しており[9]、この問題はアーレントの「誤解」かもしれないけれども、それが誤解だとわかったとしても、アーレントのアドルノに対する軽蔑の気持ちに変化は起きなかっただろうと思われる。

『ラーエル＝ファルンハーゲン』　一九三〇年代の初め、ハンナは、ドイツ・ロマン主義の研究に従事していたが、やがて、ラーエル＝ファルンハーゲンの伝記に熱中した。その頃、ハンナとギュンター＝シュテルンは、ハイデルベルクへ、そしてフランクフルトへと移った。

この研究は、執筆から四半世紀を経た一九五九年に『ラーエル＝ファルンハーゲン　ドイツ・ロマン派のあるユダヤ人女性の生涯』という著作として出版された。最初の十一の章は一九三三年には完成しており、残りの二つの章は一九三八年に書かれたものという。アーレントはこの本の出版に際しての「序文」の中で、「私の関心はただ、ラーエルの生涯の物語を、もし彼女自身が語ったとしたらこうであろうように私の言葉で語ることにあった」と書いているが、ハイデガーやヤスパースに深く学んだアーレントが、なぜ百年以上も前の一ユダヤ人女

ラーエル＝ファルンハーゲン

性の伝記にかくも執着したのだろう。

『ラーエル＝ファルンハーゲン』を通読すれば、この本がベルリン生まれの一ユダヤ人女性のドイツ社会への同化をめぐっていることがわかる。つまり、ラーエルは、ドイツ社会に同化することでユダヤ人として差別されなくなることを希望していたと言ってよい。

ベルリンにあったラーエルのサロンには、フンボルト兄弟、フリードリヒ＝シュレーゲル、ブレンターノ、ルートヴィヒ＝ティーク、シャミッソー、ゲンツ、シュライエルマッヒャー、ジャン＝パウルなど、ドイツロマン派文学者を軸とする錚々たる連中が集まっていた。（訳書、六四）にもかかわらず、ユダヤ人であることから抜け出し、同化したがっていたラーエルも、結局はユダヤ人であることを強く意識せざるを得なかった。また、ラーエルの時代でも、同化が可能であったのは裕福なユダヤ人、「例外的ユダヤ人」に限られていた。他方、ハンナ＝アーレントの育ったケーニヒスベルクでは、彼女の家は裕福だったし、彼女自身も第一次世界大戦直後のドイツで大学教育を受けることはできた。けれども、時代は彼女がユダヤ人であることを思い知らされる境遇に入っていた。そう考えれば、ハンナが自分をラーエルに重ね合わせつつ、その伝記を書こうとしたことも理解できる。

ハンナがこのラーエル研究に打ち込んだ一九二〇年代末から三三年という時期のドイツの情勢は、大きく転換しつつあった。

一九二三年の「ミュンヒェン一揆」で逮捕されたヒトラーは、二五年に出獄し、ナチスが再建された。同年、ヒトラーが獄中で口述した『わが闘争』が出版され、そのあと、次第にナチスの勢力は広がり、ベルリンでもその集会が開かれた。反ユダヤ主義を正面に掲げるナチスの動向がアーレントの目に入ってこなかったはずはない。三〇年九月の総選挙でナチスは大躍進し第二党となり、三三年一月、ヒトラーがドイツの政権を掌握するに及び、ユダヤ人の運命は決定的な方向に動き出す。

『ラーエル＝ファルンハーゲン』の冒頭には、死に瀕したラーエルの残した言葉が引用されている。それは、

わたしの生涯のかくも長いあいだの最大の恥辱、もっともにがい苦しみと不幸であったこと、ユダヤ女に生まれついたことを、いまのわたしはけっして手放したくありません。（訳書、九）

というのである。アーレントは、この心境にたどり着くまでのラーエルの精神史を描き出す。それは、ナチスの権力掌握の時代における、アーレントのユダヤ人としての自己確認に他ならなかった。[10]

ベンヤミン

『ラーエル＝ファルンハーゲン』の原稿を読んだベンヤミンは、ゲルショム＝ショーレム宛の手紙（一九三九年二月二十日付）に次

のように書いた。[11]

この本には僕は大きな感銘を受けたものだ。教訓的、弁明的ユダヤ研究の流れに抗して力強いストロークで泳いでいるといった感じだ。

卓越した読み手ベンヤミンのこの評は、簡潔ながら的確というべきであって、その「力強いストローク」は、のちの『全体主義の起源』で一段と磨きがかかって姿を見せることになる。

政治的関心

ハンナの友人のハンス＝ヨーナスが、一九二六年にハイデルベルクのシオニスト学生クラブにクルト＝ブルーメンフェルトを招いて話を聞いたことがあった。ハンナはシオニズムに転じはしなかったが、ブルーメンフェルトとは親しくなり、ハイデガーやヤスパースを尊敬するのと同じくらい尊敬していたといい、その親交は長く続いた。

ハンナは後年、自分は「若い頃、歴史にも政治にも興味がなかった」と書いているが、[12]一九三一年頃から次第に政治的関心を深めていく。

ナチス政権の成立が、「いまだかつてない徹底的な転換を意味することを彼女は意識した。」(ヤスパース)この動きに抵抗しようとしていたアーレントは、ブルーメンフェルトから一つの依頼を受けた。それは、三三年夏にプラハで開催される第十八回シオニスト世界会議のために、あらゆる種類のドイツの雑誌に見られる反ユダヤ主義的記事を収集するという作業であり、彼女はこの仕事に進んで携わった。彼女がシオニストに組織されていなかったことが、かえってプロイセン国立図書館で資料収集ができる条件になると考えられたからである。

一九三三年二月二十七日、国会議事堂放火事件が起こった。ナチスはこれを共産党の仕業として共産党を弾圧することになった。シュテルンは、ゲシュタポがこのときベルトルト＝ブレヒトから押収した住所録に自分の名前があることを恐れ、放火事件の数日後、生命の危険を感じてパリに逃れた。ハンナはベルリンにとどまったけれども、「もはや傍観者ではいられない」と感じるようになった。（「何が残ったか」）

三三年一月にヒトラーが首相になったとき、ハンナはその危険性をヤスパースに説明した。その際に、ヤスパースにはまだピンとこなかったようだったけれども、まもなく、公務員の地位や大学のポストをユダヤ人から剥奪する法律が施行されるに及んで、ヤスパースも事態の進展を悟った。

他方、ハイデガーは、一九三〇年代にナチスに親近感を抱き、入党した。すでに会うことが少なくなっていたハンナとハイデガーの間の音信は、以後十七年間にわたって途絶えた[13]。

ハンナは、ベルリンで主に共産主義者の脱出を助ける活動に携わった。しかし、非政治的な人間だったハンナが政治的に目覚めたのは、あくまでもユダヤ人としてだったのだということを、ヤング＝ブルーエルは強調している。（YB、一〇五）

四　ドイツを脱出　無国籍ユダヤ人となる

ドイツからの脱出

ヒトラーの政権掌握の頃以降、フリッツ＝リンガーによれば、「約一七〇〇人の大学教師と若い学者が職を失」い、「たいていの犠牲者は一九三六年以前におもにイギリスとアメリカに亡命した」という。「大学教師と若い学者」だけが問題ではないのだということは別としても、亡命者の名前を列挙するだけでも困難である。きわめて限定的に名前を挙げれば、著名なところでは、エルンスト＝カッシーラー、ヴォルフガング＝ケーラー、カール＝マンハイム、ヨーゼフ＝シュンペーターなど。トーマス＝マンのように、すでにノーベル賞を受賞（一九二九年）していた人から、ギュンター＝シュテルンのように「無名」の人まで。ユダヤ人が多かったことはもちろんである。(14)

三三年七月、反ユダヤ主義的記事の収集作業に従っていたハンナは、母マルタとともにベルリンで家宅捜索を受けて逮捕された。このときハンナを尋問した警察官は、その担当になったばかりの男で、事態がよく理解できなかったらしく、ハンナとその母は、幸運にも八日後に出獄できた。しかし、こんな幸運は二度と起きないだろうとハンナは考えた。

ハンナと母は、三三年八月、旅券なしにベルリンを離れ、夜陰《やいん》に乗じて森を抜け、チェコに逃れた。そしてチェコの逃亡援助組織の援助で、プラハ、ジェノヴァ、ジュネーブを経てパリに到着した。

ハンナ＝アーレントは、『全体主義の起源』「第二部　帝国主義」の中で第一次世界大戦後に無国籍の問題が「第一級の政治問題」になったと書いた。ドイツを離れることで、ハンナ自身がまさしくその無国籍者（stateless person）となり、以後十八年間、彼女の無国籍状態が続く。

当時のパリには、多くの亡命者たちが入ってきていて、政治的・思想的に激烈な雰囲気が渦を巻いていた。

ハンナ＝アーレントは、一九三三年にギュンター＝シュテルンとパリで再会し、一緒に住んではいたが、それは亡命生活の便宜からであって、二人の間はもはやうまくいかなかった。（シュテルンとアーレントの関係は、正式には一九三七年に終止符が打たれた。）

ハンナ＝アーレント

パリに入り込んできていたのは、当然の事ながら知識人だけではなかったし、さまざまな国・地域からのユダヤ人たちがいた。他方、フランス人の間からは、「フランス人のフランスを！」という排外主義の叫びもあがっていた。

シオニズム組織「ユース・アリーヤ」での活動と亡命者たち

アーレントは、一九四〇年までフランスに留まって活動を続けることになる。
パリに移ってまもなく、シュテルンの妹の力添えがあって、ハンナはロスチャイルド家と関わりのある「ユース・アリーヤ」[15]というシオニズム系団体の仕事を始めた。この団体の主な仕事は、十三歳から十七歳の亡命してきたユダヤ人の若者たちをパレスチナに移住させることであった。（後述のように、この仕事に携った経験が、彼女の米国移住につながった。）
ヤング＝ブルーエルは、当時のアーレントの立場を次のように説明している。「アーレントは、彼女が面倒を見ている人びとには住む場所が必要なのだという実際的政治的な理由からするシオニストではあったけれども、宗教的・文化的理由からするシオニストであったわけではない。」（YB、一三九）
アーレントは、ロスチャイルドを代表とするユダヤ人団体よりも、革命的な左翼グループに親近感を感じ始めていた。そのグループには、画家・精神分析学者・弁護士など、多様な人びとがいた。この時期のアーレントの「パリにおける最良の友人」（ヤスパース夫人宛の手紙、一九四六年五月三十日付）がヴァルター＝ベンヤミンだった。アーレントはこのベンヤミンを、時代の精神状況の悲劇的な予見者として尊敬していた。レイモン＝アロン、サルトル、ブレヒトとも出会ったが、彼らとのつきあいは表面的なものにとどまった。彼女がより関心を持っていたのは、科学史家のコイレ、[16]実存主義者のジャン＝ヴァアール、ヘーゲル主義者のコジェヴに対してだった。コイレとはとりわけ親しくなった。また、ロシアからの政治亡命者たちとも知り合った。その一人が、『ロシア共産主義の起源』（一九三七年）を書いたベルジャーエフだった。[17]

ハインリヒ＝ブリュッヒャーとの出逢い　一九三六年の早春、ベンヤミンの住まいで会合があった際、アーレントはハインリヒ＝ブリュッヒャーとも知り合いになった。ブリュッヒャーとアーレントの間には、当初から「熱情」が生じたが、それは二人の会話を通じて醸し出されたものだった。ブリュッヒャーはある友人に、彼女が「申し分のない相手」であると語っていた。他方、ギュンター＝シュテルンは一九三六年に渡米してしまっていた。

ハインリヒ＝ブリュッヒャーは、一八九九年にベルリンに生まれた。彼の父は、ハインリヒの生まれる前に事故死していて、ハインリヒは母一人の手で育てられた。彼は一九一八年にスパルタクス団（ドイツ共産党となる）に入党して活動し、ヤング＝ブルーエルによれば、その指導者ハインリヒ＝ブランドラーは友人だった。しかし、一九二八年には主流派から離反、スターリン主義的なボルシェヴィキ化のコースに反対していた。ヒトラー政権成立後の一九三四年、彼はフランスに逃れた。

ハインリヒ＝ブリュッヒャー
1955年，ARCHIVES, Bard College提供

ブリュッヒャーは、大学人ではなくプロレタリアであり、理論家というより活動の人だったし、ユダヤ人ではなかった。ブリュッヒャーを知って以来、アーレントはマルクス、レーニン、トロツキーなどの著作を広く読むようになり、ローザ＝ルクセンブルクの『資本蓄積論』も読んだ。

一九四五年のことになるが、ヤスパースはアーレントの生存を知り、手紙を出し、文通が再開された。彼女の「コスモポリタン的で非党派的な政治的展望」を賞賛したヤスパースに対し、アーレントは自分が「政治的に思考し、歴史的に観察することを学んだ」のは、ブリュッヒャーからだったと夫を紹介している。（一九四六年一月二十九日付、ヤスパース宛の手紙）

抑留キャンプへの収容と脱出　三〇年代後半、戦争の危機が高まると、アーレントが関わっていたパレスチナへの移住を世話する組織の中心は、ロンドンに移された。そこでアーレントは自分の仕事を探すとともに、ベンヤミンのために仕事を見つけようと骨を折った。一九三九年四月、ケーニヒスベルクにいたハンナの母マルタ＝アーレントが、パリにやってきた。

一九三九年、ブリュッヒャーは難民として労働キャンプに収容されたが、このときは二ヶ月後に出所でき、パリに戻った。

一九四〇年一月十六日、ハンナはハインリヒ＝ブリュッヒャーと結婚し、一九七〇年の彼の死まで連れ添った。この結婚は、タイミングがよかった。というのは、アメリカへの「緊急ヴィザ」は、単身者に対してと結婚したカップルに対して支給されたから。この幸運は、のちに現実化する。

一九四〇年五月、ドイツ出身の十七歳から五十五歳の男性、未婚あるいは子どものいない既婚女性、つまり「敵性外国人」に出頭命令が出された。ハンナの母は五十五歳を超えていたのでこの命令には該当しなかったが、ハンナとブリュッヒャーは該当していた。

出頭したハンナ＝アーレントは他の女性たちとともに、ピレネー山麓のギュルにある抑留キャンプに連行された。このキャンプは元来はスペイン戦争におけるフランコ軍の勝利の後、スペイン共和国軍の兵士を収容するために建てられたものだった。

しかし、四〇年五月にベルギー・オランダ・ルクセンブルクに侵攻したドイツ軍は、六月にパリを占領、フランス全土の約三分の二がドイツ軍支配下に入った。この際に生じたつかの間の混乱の中で、アーレントは抑留キャンプを出るための書類を入手できた。比類のない機会だった。だが、このとき実際にキャンプを後にしたのは七千人のうち約二百人にすぎなかった。そこを去ると、家族が自分を捜すときの手がかりがなくなることなどを恐れた人が多かったからである。数日後、「混乱」は収拾され、もはや抑留キャンプを出ることは不可能となり、そこに残ったユダヤ人たちは、やがて、ドイツ内の絶滅収容所に送られたという[18]。

アーレントの場合は、幸運だった。ギュルから遠くないモントーバンの町に友人がいて、その住居をあてにすることができたからである。抑留キャンプを逃げ出した女性たちの運命は、女性であるがゆえに巻き込まれる悲惨な場合もあったことは想像に難くない。

モントーバンは、フランスの親独ヴィシー政権の支配が及ばない地域にある町だった。ブリュッヒャーも、この混乱の中で抑留キャンプを出ることができ、二人は、全く偶然にも——ヘーゲルふうに言えば「理性の狡知」によって——この町で再会を果たした。そして、町に小さなアパートを借りて住み、つかの間の休息を得た。

一九四〇年秋、警察からユダヤ人登録指令が出されたとき、アーレントは登録せず、友人にも登録は危険だと警告した。登録拒否は、無国籍状態のうえに違法性を重ねることではあったけれども、結局、登録した人々は逮捕される羽目になった。

この事態は、罪なき無国籍者は法を破った人間よりも悪い立場に追い込まれるという『全体主義の起源』第二部におけるアーレントのテーゼの例証そのものであった。

暗い時代のベンヤミン

アーレントは、一九四〇年秋を「戦争中でも最も暗い時期」と呼んでいる。(暗い時代、一八七)「当時、フランスは降伏し、イギリスは脅威にさらされ、ヒトラーとスターリンの間のまだ無傷のままの条約は、ヨーロッパ最強の秘密警察が密接に協力するという恐るべき帰結をもたらしていた」(同)からである。

一九四〇年春、ブリュッヒャー夫妻は、ベンヤミンと会ったことがあった。そのとき、ベンヤミンは、自分の原稿の一部をアーレントに託した。

一九四〇年秋、アメリカに渡る以外にすべがないと考えるようになっていたベンヤミンは、アメリカの領事館がマルセイユで配布した緊急用ヴィザを持ち、スペイン国内の通過ヴィザも得ていたが、フランスの出国ヴィザが入手できなかった。「ゲシュタポを喜ばせることに熱心なフランス政府」が、ドイツからの亡命者への出国ヴィザの発給を拒否していたからである。そのためベンヤミンは、フランスから非合法にスペインに入ろうとした。しかし、彼がスペインに入ろうとしたまさにその当日、スペインが（一時的に）国境を閉鎖したこと、国境警備官がマルセイユで作成されたヴィザを尊重しないということを知ったベンヤミンは、自殺した。一九四〇年九月二十六日だった。

アーレントは、有名な亡命者ほど生き延びるチャンスがはるかに大きかったことに触れている。「つまるところ首輪をつけた名前のある犬は、ただの犬でしかない野良犬より生き延びるチャンスに恵まれているわけである。」（Ⅱ、二六六〜二六七）アーレントもベンヤミンも、当時のナチの目からは「ただの犬でしかない野良犬」にすぎなかった。

アーレントはまた、『暗い時代の人々』に、ブレヒトの一節を引用した。

もちろん、ぼくは知っている。ぼくが多勢の友達より生きのびたのは、ただ幸運によることを。それでも今夜夢のなかで、友達たちがこう言うのを聞いた。「強いやつが生きのびるんだ」だからぼくは、自分を憎む。（暗い時代、二七三）

この「多勢の友達」の一人がベンヤミンだった。

ヨーロッパを離れる

一九四〇年秋、ハンナの母マルタがモントーバンに来た。ブリュッヒャー夫妻とマルタは、「緊急ヴィザ」を入手しようと、何回もマルセイユに足を運んだ。ヤング＝ブルーエルによれば、この年の八月から十二月に、マルセイユでアメリカへの入国ヴィザを申請した者は千百三十七人、うち支給された者は二百三十八人だったという。支給されたなかに、ブリュッヒャー夫妻のものも含まれていた。そうなったのは、ハンナ＝アーレントがパリで「ユース・アリーヤ」のために働いていた経歴がものをいったようであった。ブリュッヒャーには、そのハンナの連れ合いだということで、ヴィザが出された。また、すでにアメリカに亡命していたシュテルンが、合州国移住に必要な保証人の宣誓供述書が得られるよう手助けしてくれた。

一九四一年一月、ヴィシー政権が出国規制を一時的にゆるめたため、ブリュッヒャー夫妻は即座に列車でリスボンに向かった。また、ハンナの母マルタも、やや遅れて出国できた。

一九四一年五月、リスボンで三ヶ月ほど足止めされたアーレントとブリュッヒャーは、そして少し遅れてマルタも、アメリカへと出国することができた。このときも、この三人は幸運だった。というのは、アメリカは六月から入国政策を固くしたからである。

アーレントの手荷物の中には、ホルクハイマーたちの社会研究所へ届けるべきベンヤミンのいわゆる「歴史哲学テーゼ」草稿も携えられていた。この草稿は、ベンヤミンの長期にわたるマルクス主義への共感の後、史的唯物論に対する拒絶を表現したものである。この草稿のうち、クレーの絵「新しい天使」に関する断片は、『全体主義の起源』のなかで難解だとされつつも肯定的に引用されており、アーレント自身の歴史観とも共通するところを含んでいる[19]。

「生存の基本的恐怖」の経験

『全体主義の起源』第一部には、反ユダヤ主義の歴史の諸断面が書き込まれている。アーレントのこの本には、彼女やその家族の個人的なことを直接に記したところはいささかもないけれども、十九世紀のユダヤ人の社会史を描いた部分の背後には、彼女の家系を生み出した歴史に連なる部分があるように感じられる。

ヤスパースは、彼が一九五三年に書いた『哲学的自伝』において、アーレントのことについて、次のように述べている。

彼女は、一九三三年以来亡命生活を送り、世界中を転々として渡り歩き、際限ない困難になげませんでしたが、法の保証を失って生国から放り出され、国籍喪失という非人間的状態に委ねられた場合の、われわれの生存の基本的恐怖を、いやというほど知り尽くしました[20]。

アーレント自身とその隣人たちの嘗《な》め尽くした「生存の基本的恐怖」の経験も、『全体主義の起源』(ことに無国籍の問題を記述した第二部そしてナチスの強制収容所のことなどを記述した第三部)に、個人的・直接的な形で書かれてはいない。しかし、この著作に限らず、個人的な問題の記述にはいかに控えめであったにしても、その記述の背後には、その経験が厳然と潜んでいる。そうであればこそ、『全体主義の起源』のあの底知れない迫力が生まれたのである。

五　アメリカへの移住とアウシュヴィッツの衝撃

アメリカ到着後、ハンナとハインリヒ＝ブリュッヒャーそしてハンナの母マルタの三人は、「難民のための自助」という組織の援助で、マンハッタンに小さな住まいを見つけた。

英語の習得

ハンナ＝アーレントは、「われら亡命者」（一九四三年一月）という彼女の論文のなかで、われわれは「生まれ故郷」を喪失し仕事をなくし言語を失ったと書き、「われわれは、親類をポーランドのゲットーに残してきたし、われわれの最良の友人たちは強制収容所で殺された」と書いた。

ハンナたちにとっては、まず英語を習得することが必須条件だった。トーマス＝マンのような著名な作家の場合は、アメリカに移住してからも、ドイツ語で作品を書くことができた。たとえば彼の在米中の『ファウスト博士』（一九四七年）は、ドイツ語作品である。しかし、「無名」の人間は、英語ができなければ、著作どころか仕事にありつくことも著しく制限される。ハンナは英語の習得に励んだ。

アーレントは、ヨーロッパから来ていた人びとのつてをたどって、雑誌『ユダヤ社会研究（Jewish Social Studies）』に論文を発表できる機会を得、また、四一年十一月からは、ドイツ語のユダヤ移民新聞『アウフバウ（Aufbau）』の定期コラムを担当するようになった。彼女の母とブリュッヒャーも仕事を見つけることができた。

話がややのちの時代のことになるけれども、ナチスの台頭とともにヨーロッパからアメリカに渡った人々のなかにも、第二次世界大戦終結後、故国に戻った人々もいる。例えば、アドルノやホルクハイマーは、一九四九年、ドイツに戻った。ホルクハイマーは一九三〇年にすでに正教授になっていたし、アドルノも三一年には大学の私講師になっていて、一九四七年には『啓蒙の弁証法』を刊行していたから、歓迎を受けて復帰できる条件があった。これに対し、アーレントは戻らなかった。言語の才能に恵まれていたアーレントでも、英語を身につけるのには苦労していたのに、である。戦前に、「復帰」できる「地位」を得ていなかった、ということもあったろう。

アーレントは、アメリカ社会のなかで生きようとした。それも、既存のアメリカ社会やその価値観を前提とし、それに自分を「同調」させることを通じて生きようとしたのではなく、あくまでも「独立した思考」によりながら、そこに住む友人たちとの友情を支えに、独自のアメリカ観を打ち出しながら生きようとした。そして、アメリカの思想界にも少なからぬ影響を与えることとなった。

アウシュヴィッツ

アーレントの生涯にとって決定的だったのは、一九三三年二月の国会議事堂放火事件とその後のアーレントの不当逮捕だったことは、すでに見た。それは、彼女がドイツを離れるきっかけとなり、十八年に及ぶ無国籍状態の始まりとなった。しかし、アーレントは、自分にとって決定的だったのは、一九三三年ではなく、アウシュヴィッツのことを知った日だったという。アーレントは、こう語っている。

　一九四三年でした。最初わたしたちはそれを信じませんでした。いつもは夫もわたしも、連中は何でもやりかねないぞと言っていたにもかかわらずです。〔中略〕というのも、それはあらゆる軍事的必要性や必然性に反していたからです。夫は以前は軍事史専門でしたから、そうした事情について少しはわかります。夫はこう言っていました。そんな話を信じるな、そんなことできるものか、と。それから半年後、われわれはやはりそれを信じることになったのです。証拠を突きつけられましたから。それは本当の意味で衝撃でした。〔中略〕それはまさに、あたかも奈落の底が開いたような経験でした。それまでは、政治であればじっさいにいつかは償われうるし、ほかのことでもかならずなんらかのかたちで償いが可能だっただろう、と考えていました。しかし、これは違いました。これはけっして起こってはならないことだったのです。犠牲者の数のことを言っているのではありません。死体の製造やその他のことを申し上げているのです。（「何が残ったか」一六四～一六五）

この衝撃をアーレントは、徹底的に考えていくことになる。

「意識的パーリア」

アーレントは、差し迫った時局に関わる論文を書くと同時に、自分自身を含むユダヤ人の自己省察を深めていった。彼女は、一九三三年以降の自分自身の経験を、「ユダヤ人であるということはこの世界ではいかなる法的地位も与えられないということだ」と考え、そこから、近代ユダヤ史を観察する。[21]

すると、一方に、「宮廷ユダヤ人」からユダヤ人の百万長者に至る流れがある。また、どんなことをしても成り上がり者になろうとする者は、「社会的パーリア」と対応している。（パーリアとは、賤民・のけ者ということ、最下層身分ということである。）しかし、他方に、成り上がり者になろうとしない「意識的パーリア」の伝統、ユダヤ的伝統の別の流れがあり、そこに属する人々が少数ながら存在すると、アーレントは考えた。「意識的パーリア」の伝統に着目したアーレントは、その何人かに即した論文を書いた。

「パーリアとしてのユダヤ人　隠された伝統」（一九四四年二月）と「フランツ＝カフカ」（一九四四年秋）では、ハイネ、ベルナール＝ラザール、[22]カフカなどを論じている。同じ頃書かれた「ある時代のポートレート」（一九四三年秋）は、ドイツ語版では「昨日の世界のユダヤ人」というタイトルで、「シュテファン＝ツヴァイク『昨日の世界――自伝』に寄せて」という副題が添えられている。オーストリアの富裕なユダヤ系商人の息子として生まれたツヴァイク（一八八一～一九四二）は、「パーリア」というにしてはすでに一九三三年以前に作家としての名声を得ていたし、アーレント自身もツヴァイクを「意識的パーリア」と明確に位置づけているわけではない。けれども、アーレントは、ツヴァイクが「どんなこともつつみ隠したり、言いつくろったりせず、詳細に記録する勇気を持っていた」（『パーリアとしてのユダヤ人』一一三）とし、また、彼の自伝が「真の絶望のもつ冷静さがもたらす凄まじいばかりの精確さ」をもっていると評している。これを、アーレントは「意識的パーリア」の伝統と考え、自らもその一端に含まれると自覚したのであろう。

あるすぐれた論者が他のすぐれた人物やその仕事を批評するとき、その批評の言葉はなるほど批評される人物なり作品なりを的確に描いてはいるにしても、その言葉は評者自身の人物なり作品なりを評したものになっているという結果が生ずることがある。ここに引いたアーレントのツヴァイク評は、まさしくそのような場合であった。

ショッケン出版社

ローラ＝フェルミ『二十世紀の民族移動』「第九章　出版界」には「出版者たち」という項目があり、主として一九三〇年代以降のヨーロッパからの移民たちが始めたいくつかの出版社のことが紹介されている。(23)

その一つがショッケン出版社であり、その社長テオドル＝ショッケンの父ザルマン＝ショッケンは、ドイツの諸都市にデパートのチェーンを有する商人で、学者肌の人物だった。ザルマンがデパート経営以外に最も興味をもっていたのは、ユダヤ文化の伝統を流布することだったが、ザルマンのデパートはナチスの台頭のために経営困難となり、ショッケン出版社もナチスによって閉鎖させられた。ザルマンはパレスチナに移って出版社を始め、やがてそのアメリカ支社を開設。戦後、その息子テオドル＝ショッケンがアメリカのショッケン出版社を引き受けたのだった。

アーレントは一九四六年から四八年まで、そのショッケン出版社で編集の仕事に携わり、カフカの『日記』のドイツ語版の編集に多大の時間と努力を傾注した。生活費を稼ぐためでもあった。ショッケン出版社は、ナチスの民族法がカフカの本を追放したのち、カフカの本の世界的出版権を買っていたのだった。[24]

この出版社の仕事との関わりで、アーレントは多くの芸術家や知識人と知己を得た。T・S・エリオットとも知り合いになった。詩人のW・H・オーデン（一九〇七〜七三）は、その死に至るまで、アーレントの親密な友人サークルに属することになった。作家のメアリー＝マッカーシー（一九一二〜八九）は、アーレントの厚い信頼を受け、後にアーレントの文書面の遺産管理を任された。[25] そして、オーストリアの作家ヘルマン＝ブロッホ（一八八六〜一九五一）。アーレントは、ブロッホの『ウェルギリウスの死』（一九四六年）の書評を書いた。

ホイヤーによれば、アーレントの友人評価の基準は、何よりもその内的な独立性と侵しがたさであって、その政治的見解とか知的作品ではなかった。というのは、長年にわたって強制された無国籍状態の経験を通して、人間相互の信頼や友情が彼女の最大の関心となったからだという。まことに、と納得させられる評である。

ヤスパースとの交流の復活

ヤスパースが一九五三年に書いた『哲学的自伝』によると、彼は、一九三三年以降、大学運営への参加から閉め出され、一九三七年には大学教授職を剝奪され、三八年以降は本の出版も許されなくなった。妻のゲルトルートがユダヤ人で、彼女の弟エルンスト＝マイヤーはオランダに亡命し、地下に潜伏していた。ヤスパース夫妻も、「生命の存在の脅威」を感じさせられていた。しかし、一九四五年五月、ドイツが降伏し、アメリカ占領軍当局の同意のもとに、復職していた[26]。

一九四五年九月、『パーティザン・レヴュー』の通信員がヤスパースを訪問し、アーレントのことに言及すると、彼女の生存可能性はほとんどないと思っていたヤスパースは、絶句した。これがきっかけでヤスパースはアーレントに手紙を送った[27]。

ハンナ＝アーレントは、ヤスパース夫妻が身の毛のよだつ混乱のなかで無事であったことを喜んでいますと書き始め、そして、次のように書いた。

私は、あなたが楽天的な思いをいだいておられることを嬉しく思います。あらゆることは少数者に依存していますが、少数者はあまりに少数になってはならないのです。私たちは何年来、少数者がいっそう少数になるということをいつも経験してきました。これは、アメリカの移民者たちの世界でも、ドイツでも本質的には同じだったのです。現に存在する権力と同調する途は数々あります。考慮に値する唯一の人々は、自己をイデオロギーとも権力とも同一視することを拒否する人々なのです。（十一月十八日付）

そして、ヤスパースがアーレントの論文に同意していることを喜んだ。これに応じてヤスパースは、アーレントの無事を喜んだが、それだけではなく、偏見のない「人間性の精神」に感じ入ったと書き、さらに、

あなたの手紙を読みながら涙が出ました。それは、そうした精神がどんなにまれなものかと感じたからです。それに、ちょうど昨日、これからともに新しい方向を探っていこうとしている人々に、おおいに失望させられていたからでもあります。そうです、少数者は、「あまりに少数」であってはならないのです。（十二月二日付）

と書いた。この師弟は、二人の精神が「少数者」として基本的に同じ方向を向いていることを確認しあって、親交を回復した。

ヤスパースは一九四八年にスイスのバーゼル大学教授となった。アーレントは、ヨーロッパ・ユダヤ文化再建委員会のメンバーとして、一九四九年末、ヨーロッパに行き、十二月、バーゼルのヤスパース邸を訪問、夫妻との再会を果たした。

『哲学的自伝』におけるアーレント評

ヤスパースは、先の『哲学的自伝』で、アーレントについて、次のように書いている。

〔アーレントの〕内的な独立心は彼女をして世界市民たらしめ、アメリカの政治制度の独自の力（ならびにとにかく相対的最善のものとして耐えてきた政治的諸原理）への彼女の信仰は、アメリカ合衆国の市民たらしめたのでした。彼女によって私は、政治的自由の最大の実験であるこのアメリカ合衆国の世界と、他面全体主義のもろもろのメカニズムを、以前に私ができた以上によく見ることを学びました。〔中略〕一九四八年以降彼女は繰り返し私たちを訪れては熱心に議論を重ね、合理的には確定できない心の一致を確認するに至りました。〔中略〕私は彼女といくたびとなく議論するをえました。すなわち、いかなる底意も許さぬ全く腹蔵のない態度で〔中略〕議論はおこなわれたのであります。こうした議論は、徹底的な相互自己解放であり……[28]

ヤスパースはここで、「アメリカの政治制度の独自の力」とその「政治的諸原理」に対するアーレントの「信仰」とまで言っているけれども、「生存の基本的恐怖」を味わい尽くしたアーレントが、アメリカにおける「政治的自由の実験」を目の当たりにして、アメリカの政治制度に信頼を寄せたのは、当然であろう。

ただ、それは単純なアメリカ賛美ではもちろんない。それは、アーレントがヤスパースへのかなり長い手紙（一九四六年一月二十九日付）で、「アメリカについて語ろうとすれば、語ることは数々あります」として、自由の問題などに触れたあと、「この国の基本的な矛盾は、政治的自由と社会的圧迫との共存です」と書いていたことからもうかがえる。

　のちのことになるが、この信頼によってアーレントは、一九五一年にアメリカの市民権を積極的に受け容れたし、さらにのちには、『革命について』（一九六三年）を書いて、その制度をうち立てたアメリカ革命を、フランス革命と対比して、成功した革命と位置づけることになるのである。また、『人間の条件』や『革命について』の基本範疇となる「社会的」と「政治的」の対比が、このヤスパース宛の手紙にすでにうかがえることも、興味深い。

『全体主義の起源』

　渡米以降、四〇年代半ばまでのアーレントの関心は、基本的にはユダヤ人問題、シオニズムをめぐる問題に収斂していたといえる。戦争の終結を控えた頃、アーレントはヨーロッパ・ユダヤ人の絶滅と故郷喪失に直面して、意気消沈していた。

　しかし、戦争の末期になると、問題をより広げ、『全体主義の起源』にまとめられる仕事に取りかかった。一九四四年末から四五年初めにかけて、アーレントはある編集者に、その本のプランを説明した。それは、「恥辱の諸要因―反ユダヤ主義、帝国主義、人種主義」あるいは「地獄の三本の柱」という題名で、簡略に「全体主義の歴史」ということもあった。この「三本柱」をホイヤーは、「アウグスティヌスの三位一体論に取り組んで以来彼女のほとんどの著作を貫いている三分割」[29]と説明している。これをみると、現行の『全体主義の起源』の第三部が、独立した形としては登場していないことが注目に値する。

一九四七年九月四日付のヤスパース宛の手紙に、アーレントが執筆中のこの新しい本についての記述がある。そこでは、書名は未定だということ、第一部は「十八世紀半ば以降のユダヤ人の政治史・社会史」で、それも「二十世紀のきわめて重要な政治的イデオロギーに結晶化されていく傾向に限定されている」こと、その執筆の終了が告げられている。第二部は、今執筆中だが、「帝国主義と国民国家の没落との間の関連を分析」していて、順調なら年内にできる予定です、とある。

この手紙で注目すべきところは第三部についてのアーレントの説明である。アーレントは、この最終部分（第三部）は、「全体主義国家の構造」に費やされるとし、「私はここを完全に書き直さなければなりません。といいますのも、私は最近になってようやく、とりわけロシアに関して、ある重大なことに気づくようになったからです」と書いているからである。

ナチスに主として関わるはずだった「全体主義の歴史」がここで大きく転換し、ロシアの「全体主義」の分析も組み込むことになる。その経緯については、のちに立ち入って考察するが、ともかく彼女はその原稿を、一九四九年にはほぼ完成させた。「一九五〇年夏」とする序文を付けた『全体主義の起源』が、翌五一年初めに出版された。

ハイデガーとアーレント

『全体主義の起源』の仕事をほぼ終えた一九五〇年、ハンナ＝アーレントはハイデガーとの再会を果たした[30]。

アーレントとマッカーシーとの膨大な書簡集を編んだキャロル＝ブライトマンが紹介しているところによれば、メアリー＝マッカーシーは、アーレントとハイデガーの関係がハンナの「人生における真の大恋愛事件」だったと語ったという。これはマッカーシーの言葉ではあるけれども、彼女とアーレントとの親密な関係を考えれば、アーレントがハイデガーとの関係を仔細にマッカーシーに語っていたものに相違ない。

この書簡集にうかがえるアーレントのハイデガー観は、次のごとくである。

まず、アーレントは、マッカーシーへの手紙の中で、「現代の哲学者のなかではハイデガーが一番おもしろいと思う[31]」と書いていた。数年後の別の手紙では、ブレヒトとハイデガーが「ほとんど天才、あるいは他のすべてに勝る有無を言わさぬ才能[32]」の持ち主だと評価している。アーレントは、ハイデガーのナチスへの荷担にもかかわらず、彼を全面否定するようなことはしなかった。しかし、それはやや後の時代のことである。

アメリカへの帰化

アーレントは、『全体主義の起源』が出版された一九五一年の十二月十日、アメリカへの帰化を承認された[33]。ここに一九三三年以来の彼女の「無国籍」状態は終わった。

本書は「人と思想」シリーズの一冊であるから、まずハンナ＝アーレントの生涯について概観し、そのあとに彼女の思想について説明すべきかもしれない。しかし、これまでに述べてきたアーレントの波乱に富んだ経歴——ドイツ系の同化ユダヤ人の娘として生まれ、大学でハイデガーやフッサールやヤスパースなどに学び、二十六歳にしてナチス政権成立によって「故郷喪失」に陥り、無国籍ユダヤ人となり、短期間とはいえ収容所に投げ込まれ、難民としての苦難をなめつくし、辛くもそこを脱出してアメリカに渡って英語を習得し、挑戦的な語調の論文を書くようになり、『全体主義の起源』を執筆し、アメリカ合州国の市民権を獲得するに至る——に比べると、その後の彼女の生涯は、内的にどのようなドラマがあったにせよ、基本的には学者としてのそれになる。

そこで、これ以後のアーレントの経歴に関しては、彼女の著作の紹介の合間に挟み込む形でごく簡略に述べていくことにする。また、本書巻末には年譜が付けてあり、彼女の後半生についてはその年譜も併せ参照されたい。

（1）ハンナ＝アーレントとクルト＝ブルーメンフェルトとの間に交わされた書簡は、》*...in keinem Besitz verwurzelt*《 *Die Korrespondenz*, Rotbuch Verlag, 1995 としてまとめられている。『全体主義の起源』には、二人の人物への「献辞」が記されていて、一人はアーレントの夫ハインリヒ＝ブリュッヒャーであり、もう一人がこのブルーメンフェルトである。

（2）「何が残ったか？　母語が残った」は、ハンナ＝アーレントとギュンター＝ガウスとの間でなされたインタヴューであり、一九六四年十月二十八日に西ドイツのテレビで放映された。日本語訳は、『思想』一九九五年八月号所収、矢野久美子訳、一五八頁以下。以下、このインタヴューからの引用には、この訳の頁数を記す。

（3）第一次世界大戦後におけるドイツの学者の世界については、フリッツ＝リンガー『読書人の没落』（原著、一九六九年）西村稔訳、名古屋大学出版会、一九九一年、参照。

（4）カール＝レーヴィット『ナチズムと私の生活』秋間実訳、法政大学出版局、一九九〇年、四五頁、七二頁。なお、レーヴィットのハイデガーの思想に対する見解は、『ハイデッガー　乏しき時代の思索者』杉田泰一・岡崎英輔訳、未来社、一九六八年。

（5）マーティン＝ジェイは、彼の著作『永遠の亡命者たち』（原著、一九八六年。今村仁司他訳、新曜社、一九八九年）第十四章「ハンナ・アレントの政治的実存主義」において、「二〇年代の政治的実存主義者たちと同じく、ハンナ・アレントは、しきりに政治的活動に最大限達成可能な自律性があることを確証しようとした」（四〇五頁）と書き、アーレントの政治思想を「決断主義」として特色づけている。この解釈の妥当性は、アーレントの『全体主義の起源』以降の著作の内実との関連で検討されるべきである。

（6）ヤスパースは、ハイデガー宛の手紙（一九二九年六月二十日付）で、アーレントの学位論文に言及し、若干の欠点を指摘しつつも、ハイデガーのもとで「方法的に学んだ事柄をほんとうに切実な関心事としたものとして、優れております」と書いていた。『ハイデッガー＝ヤスパース往復書簡集一九二〇―一九六三』渡辺二郎訳、法政大学出版局、一九九四年、一八五頁。また、その訳注三八二頁も参照。

（7）アーレントのヤスパース宛の手紙（一九六六年六月四日付）。なお、『ディスクス』をめぐる経過については、『アーレント＝ヤスパース往復書簡集』英訳版の注（七九三頁以下）に詳しい。
（8）ここには、「ハイデガー＝ナチス問題」も関連していた。この点についての概略、「公開書簡」に対するアドルノの返事については、ラクー・ラバルト『政治という虚構　ハイデガー、芸術そして政治』浅利誠・大谷尚文訳、藤原書店、一九九二年、一九〇頁以下参照。
（9）マーティン＝ジェイ『アドルノ』木田元・村岡晋一訳、岩波書店、一九八七年、三八頁以下。
のちのことになるが、フランスからピレネーを越えてスペインに脱出する途上で自殺したベンヤミンの原稿を、ハンナ＝アーレントは、ニューヨークのアドルノのもとに届けた。その原稿がなかなか出版されなかったので、ハンナは再びアドルノに対する怒りを募らせた。（YB、一六六頁以下参照）
（10）アーレントの『ラーエル・ファルンハーゲン』について、ヤング＝ブルーエルはハイデガーとの恋の昇華であると解釈した。それも否定はできないにせよ、むしろユダヤ人アイデンティティに関わることを強調しているのは、Seyla Benhabib, *The Reluctant modernism of Hannah Arendt*, SAGE Publications, 1996, p.32（セイラ＝ベンハビブ「パーリアとその影」大島かおり訳、雑誌『みすず』二〇〇〇年一月号）である。
（11）ゲルショム＝ショーレム編『ベンヤミン-ショーレム往復書簡』山本尤訳、法政大学出版局、一九九〇年、三七九頁。
（12）アーレントからショーレムへの手紙、一九六三年七月二十四日付（矢野久美子訳）。『現代思想』一九九七年七月号、所収。七一頁。
（13）ハイデガーの『存在と時間』（一九二七年）はフッサールに捧げられていたが、第二版ではその献辞は削除された。アーレントは、「実存哲学とは何か」という論文（一九四六年。斎藤純一訳、雑誌『みすず』三四五号、所収）の英語版では、ナチス党員となったハイデガーがフッサールに対してフライブルク大学への立ち入りを禁止したのは、フッサールがユダヤ人だったからだと注記した。

（14）リンガー『知識人の没落』前掲書、二九八頁以下、参照。また、ローラ＝フェルミ『二十世紀の民族移動1・2（亡命の現代史1・2）』掛川トミ子・野水瑞穂訳、みすず書房、一九七二年、参照。ちなみに、ローラ＝フェルミは、イタリア人物理学者エンリコ＝フェルミ（一九〇一～五四）の妻である。一九三八年のノーベル物理学賞受賞を機にアメリカに移住したエンリコ＝フェルミは、一九四二年、シカゴ大学でウランの核分裂テストを成功させる。これによって彼は、アメリカの核開発（マンハッタン計画）に組み込まれていった。アーレントたちの物語も「亡命の現代史」の一面であるが、フェルミたちの物語も、別の一面を形成する。

（15）アリーヤ（Aliyah）はヘブライ語で、この場合、「シオンへの移住」という意味である。

（16）アレクサンドル＝コイレ（一八九二～一九六四）は、南ロシアの裕福なユダヤ人家庭に生まれた。フッサールに学んだあと、ソルボンヌ大学に学んだ。後に『閉じた宇宙から無限宇宙へ』（原著は一九五七年。横山雅彦訳、みすず書房、一九七三年）などを書いて、広く知られるようになった。『全体主義の起源』では、コイレの「現代の嘘の政治的機能」（一九四五年）という論文についての言及がある。それは、「全体主義運動は、公然と白日のもとに設立された『秘密結社』にたとえられた」というアーレントの本文に付けられたもので、アーレントは、この見解はどの著作からも注意を払われていないけれども、「的を射た見解」だと注記している。（Ⅲ、一二一）このコイレの見解は、アーレントの見解そのものでもあろう。

（17）『ロシア共産主義の歴史と意義』（『ベルジャーエフ著作集』第七巻）田中西二郎・新谷敬三郎訳、白水社、一九六〇年。なお、『ロシア共産主義の歴史と意義』は独訳の表題、『ロシア共産主義の起源』は英訳の表題で、同じ本である。アーレントの『全体主義の起源』第二部・第三部には、ベルジャーエフの『ロシア共産主義の起源』からの引用が数カ所ある。第二部での引用は主に、汎スラヴ主義の性格把握に関わるもので、アーレントは自己の見解を補強するように引用している。また、第三部の引用は、「ロシアにおける革命は一つの宗教であり、一つの哲学」であるというもので、アーレントの「全体主義」の把握と重なる。

(18) アーレントの『イェルサレムのアイヒマン』には、フランスから「一九四二年の夏と秋に二万七千の無国籍ユダヤ人がアウシュヴィッツへ移送された」と書かれている（アイヒマン、一二九）が、そこには、ギュルの収容所にいたユダヤ人たちも含まれていた。（YB、一八一）

(19) ベンヤミンの「歴史哲学テーゼ」には、「チェスの名手であるロボット」の話が出てくる。そして、「歴史的唯物論」とよばれている人形は、「いつでも勝つことになっているのだ」が、それは「人目をはばからねばならない神学」を使うとある。この比喩をアーレントふうにいえば、説明できないものはないと信じ込んでいる、「経験を無視した演繹的世界観」となり果てた「弁証法的唯物論」ということになろう。

(20) ヤスパース『哲学的自伝』ヤスパース選集14、重田英世訳、理想社、一九六五年、一二三〜一二四頁。

(21) 以下、この「意識的パーリア」の節は、アレント『パーリアとしてのユダヤ人』寺島俊穂・藤原隆裕宜訳、未来社、一九八九年、参照。

(22) ベルナール＝ラザール（一八六五〜一九〇三）は、フランスのジャーナリスト。アーレントは、『全体主義の起源』第一部で、ラザールを、ドレフュス側の「最も貴重な助力者でありフランスのユダヤ人社会が生んだ最大の人物」だと書いている。

ORIGINAL
TO BE GIVEN TO
THE PERSON NATURALIZED

No. 6979219

Petition No. 600675

Personal description of holder as of date of naturalization: Date of birth October 14th, 1906 sex female
complexion fair color of eyes brown color of hair brown height 5 feet 6 inches
weight 135 pounds; visible distinctive marks none
Marital status married former nationality German
I certify that the description above given is true, and that the photograph affixed hereto is a likeness of me.

(Complete and true signature of holder)

UNITED STATES OF AMERICA
SOUTHERN DISTRICT OF NEW YORK
Be it known, that at a term of the District Court of The United States held pursuant to law at New York City on December 10th, 1951 the Court having found that HANNAH ARENDT BLUECHER then residing at 130 Morningside Drive, New York, N.Y. intends to reside permanently in the United States (when so required by the Naturalization Laws of the United States), had in all other respects complied with the applicable provisions of such naturalization laws, and was entitled to be admitted to citizenship, thereupon ordered that such person be and (s)he was admitted as a citizen of the United States of America.
In testimony whereof the seal of the court is hereunto affixed this 10th day of December in the year of our Lord nineteen hundred and 51 and of our Independence the one hundred and 76th

WILLIAM V. CONNELL
Clerk of the U.S. District Court.
By Deputy Clerk.

Seal

It is a violation of the U.S. Code and punishable as such to copy, print, photograph or otherwise illegally use this certificate.

帰化証明書

(23) ローラ＝フェルミ『二十世紀の民族移動2（『亡命の現代史2』）』前掲書。

(24) カフカ『城』（新潮文庫、一九七一年）の訳者「あとがき」で、前田敬作氏は『城』の主人公の「倫理的不可知論」が「カフカのたどりついた終着点」であろうが、「ここに、カフカの危険がある。というのは、理解せずして服従するという不可知論は、政治的にはファシズムへの服従を意味するからである」と批判している。しかし、この「批判」は、アーレントの優れたカフカ論からすれば、全くの的外れであろう。

(25) アーレントは、彼女の著作『共和国の危機』（『暴力について』）をマッカーシーに捧げた。

(26) ヤスパース『哲学的自伝』前掲書、七頁、一一三頁以下。

(27) ここの記述は、ヤング＝ブルーエル、二一二〜二一三頁による。彼女がそこで依拠しているヤスパースの書簡は、十月十日付と注記されているけれども、それは、『アーレント＝ヤスパース往復書簡』（英訳版）では、ヤスパースからアーレントへの一九四五年十月二十八日付の手紙とされているもののようである。
(28) ヤスパース『哲学的自伝』前掲書、一二四〜一二五頁。
(29) Wolfgang Heuer, *Hannah Arendt*, Rowohlt, 1987, S. 42
(30) ハイデガーとアーレントの再会の経緯やハイデガーの思惑については、エルジビェータ＝エティンガー『アーレントとハイデガー』大島かおり訳、みすず書房、一九九六年に詳しい。
(31) 一九五四年八月二十日付、アーレントのマッカーシー宛の手紙。AM、八二頁。
(32) 一九五七年六月七日付。AM、一二三頁。
(33) ホイヤーの本（五一頁）に、アーレントの帰化が認められた証明書の写しが掲載されている。ハンナ＝アーレント＝ブリュッヒャー、女、既婚、一九〇六年十月十四日生まれ、以前の国籍・ドイツ、身長・五フィート六インチ、髪の色・褐色、目の色・褐色、などと記されている。右頁参照。

Ⅱ 『全体主義の起源』

一　『全体主義の起源』の執筆

『全体主義の起源』の出版

ハンナ＝アーレントは、『アウグスティヌスの愛の概念』により一九二八年に博士号を取得し、この本は翌年に出版された。その後、彼女はアメリカに渡って以降にいくつかの論文を発表していたが、一九五一年、単行本として『全体主義の起源』を出した。アーレントはこの本の執筆・出版当時を回想して、

> 『全体主義の起源』の原稿ができあがったのは一九四九年の秋、ドイツの敗北から四年の後、スターリンの死〔一九五三年〕に先立つこと四年足らずの時期だった。初版は一九五一年に出版された。振り返ってみると、私がそれを書いていた一九四五年以降の数年……（Ⅲ、iii）

と書いている。つまり彼女は、この本を一九四五年に書き始めていた。そのテーマは、崩壊したばかりのナチズムという「全体主義」と、崩壊があり得るかどうかも定かでないスターリン主義——アーレントは「スターリン主義」とではなく、「ボルシェヴィキー」と表現しているけれども——という「全体主義」、とりわけその大量殺人の解明であった。アーレントによれば、「この本は、最初一瞥したときには、いやもう一度見直したときにすらも、まったく言語道断としか見えないことを理解しようとする試みなのである。」（Ⅰ、viii）

この試みの前提には、アーレント自身の経験、すなわち、ユダヤ人の一人として経験してきたユダヤ人の運命、ドイツからフランスへの脱出とナチスへの抵抗、自らも投げ込まれた収容所での体験、無国籍者としての生活などがある。しかしアーレントは、こうした自らの諸経験を、直接的な形で『全体主義の起源』に書きこむのではなく、ヨーロッパ史という視野から客観視しようとした。

この二つの「全体主義」こそは、本書「はじめに」に記したように、二十世紀を「恐ろしい世紀」(バーリン)、「暴力的な世紀」(ゴールディング)とした当のものであった。二十世紀とは何だったかを考える上で、『全体主義の起源』(以下、本書では『起源』と略称する)を見逃すことはできない。

『全体主義の起源』の構成

『起源』は「委曲をつくした論述」(ヤスパース)[1]がなされた膨大な本であり、

第一部　反ユダヤ主義
第二部　帝国主義
第三部　全体主義

の三部から構成されていて、日本語訳では八五〇ページほどに及ぶ。本書のようにアーレントの「人と思想」を紹介しようとする場合に、きわめて多彩なこの本の内容を順を追って紹介していくと、量的に膨大となって、かえって話の筋が見えにくくなり、論点が曖昧になりかねない。そこで、本書では、特定の章に限定して、『起源』の内容を見ていくことにしよう。

まず「第一部　反ユダヤ主義」についてだが、アーレントは、包括的な反ユダヤ主義の歴史記述をめざすのではないと述べているから、『起源』第一部の紹介は、必ずしもその全部の章にわたらなくてもよかろう。他方、第一部「第四章　ドレフュス事件」には、「純個人的な利益と純商業的な投機の禁断の木の実をふんだんに食べたすべての政治機構はいずれ滅びるに決まっている」（I、二〇八）と、あたかも現代日本を連想させる記述が見られるので、この章は現代的関心と切り結ぶところが少なくないと考えられる。したがって、第一部については、その「第四章　ドレフュス事件」を軸にしつつ他の章を見ていくことにする。

「第二部　帝国主義」については、その「第五章　国民国家の没落と人権の終焉」を中心に、また、それと密接に関連する限りで他の章、特に「第四章　大陸帝国主義と汎民族運動」を、見ていくことにする。そのような限定をする理由は、この第五章で扱われている難民の問題が、アーレントの全体主義論にとって極めて重要だからであるが、同時に、難民問題が今日もなお、いや一段と規模を拡大して存在するということにもよる。また、ヨーロッパの帝国主義を論じた第四章は、その論に照らした場合、「日本帝国主義」はどのようなものであったのか、という問題にも関連すると思われるからである。

「第三部　全体主義」については、全体主義を原理論的・概念的に考察した「イデオロギーとテロル」の章を軸にしつつ、歴史的に記述されたそれ以前の章に適宜立ち戻るという仕方で見ていくことにする。[2] この第三部は、量的にも内容的にも『起源』の枢要なる部であるといえよう。そこでこの第三部については、本章の五において伝記的なこともまじえて述べることにしよう。

二 「第一部 反ユダヤ主義」

なぜ『全体主義の起源』は、まず反ユダヤ主義を問題にするか。それは当然である。ナチスによるユダヤ人の大量殺戮こそは、「全体主義」の核心に触れるものだからである。アーレントの言葉を借りれば、

反ユダヤ主義

> 二十世紀の政治的動向はユダヤ人を波瀾の中心に叩きこんだ。世界政治との関連では比較的重要でない現象だったユダヤ人問題と反ユダヤ主義が、まず第一にはナチ運動の台頭と〔ドイツ〕第三帝国――この国では各市民が自分がユダヤ人ではないことを証明しなければならない――の組織構造の確立の、次いで比類なく残虐な世界戦争の、そして最後には西洋文明のただなかでの前例のない大量殺戮犯罪の発生の契機となった。(I、vii〜viii。傍点の強調は原文)

からである。

では、ヒトラーの勢力圏では、なぜユダヤ人の絶滅がめざされたか。

それは「半ば錯乱したファナティシズム〔狂信〕」によるといった「心理学的解明」(I、一)によっては説明し得ない。また、反ユダヤ主義を排外主義や外国人嫌いと同一視するのでは、ナチスが一国内部の統合だけを目指すようなナショナリズムを初めから軽蔑していたということを説明で

きない。また、どちらの解釈にしても、反ユダヤ主義がヨーロッパの国民国家体制が崩壊した時点で絶頂に達したということを説明できない。
反ユダヤ主義は、ナチスによって生み出されたわけではないが、何世紀も前から存在するものでもない。

反ユダヤ主義は十九世紀末葉以来、デマゴギー的プロパガンダのうちで最も効果的な武器となっており、ナチが手を貸すまでもなくすでに二〇年代のドイツとオーストリアで世論の最も強力な要素の一つをなしていた。（Ⅲ、八四）

というのであるが、そうだとすれば、ナチスはすでに蔓延していた反ユダヤ主義の雰囲気を「活用」しつつ台頭したことになる。次に、第一部第二章の「ユダヤ人と国民国家」をみてみよう。

西欧近代政治史におけるユダヤ人の重要性　ユダヤ人問題は欧米などにおいては大きな問題であるにせよ、必ずしも切実性を伴わない日本の場合、ユダヤ人問題に関する認識がごく断片的なものになるのは自然のなりゆきであろう。
近代ヨーロッパのユダヤ人といえば、シェイクスピアの『ヴェニスの商人』のシャイロックを想起する人もいるかもしれない。だが、シェイクスピアと同時代のエリザベス女王の銀行家はすでにスペイン系ユダヤ人だったのであり、それから約半世紀後のピューリタン革命期に、クロムウェルの軍隊はユダヤ人から資金を得ており、さらに一世紀半後の十九世紀初頭、対ナポレオン戦争における大陸諸国へのイギリスの援助金の半ば以上は、ユダヤ人（具体的にはロスチャイルド家）から出ていたと、アーレントは記す。

話は十九世紀初頭までにはとどまらない。アーレントが指摘する通り、イギリス保守党の政治家で総理大臣となったディズレイリ（一八〇四〜八一）もユダヤ系であった。さらに、第一次世界大戦後のドイツ、つまりワイマール共和国で外相を務めたラーテナウがユダヤ人実業家だったこと、「ユダヤ人が財政顧問として双方の側で重要な役割を演じた最後の講和条約はヴェルサイユ講和条約であり、もっぱらユダヤ人の国際的関係のおかげで国民国家におけるその地位を得ていた最後のユダヤ人はヴァルター・ラーテナウだった」（Ⅰ、三六）という具合。

このように見てくると、ユダヤ人がかくも重用されていたヨーロッパあるいはドイツで、なぜナチスによる反ユダヤ主義が言語に絶する猛威を振るったのかが、全く不可解となる。

アーレントは、このような歴史的経過を実に見事に解きあかす。

宮廷ユダヤ人

アーレントによれば、宮廷ユダヤ人の存在は、すでに十七世紀にごく普通のものになり始め、十八世紀にはヨーロッパのほとんどすべての君主国の宮廷に属していた。宮廷ユダヤ人には、君主の必要とする資金を調達することといわば引き替えに、さまざまの特権や爵位を与えられていた。フランス革命以降、ヨーロッパに国民国家が成立してくる。この国民国家は、王侯国家よりもはるかに高額の資本および信用を必要としたが、中欧および西欧の富裕なユダヤ人たちは、国民国家の求めにも応ずることが可能だった。ユダヤ人と国民国家との緊密な結びつきは、一方では確かにユダヤ人の資金力と国境を越えたユダヤ人のネットワーク（インターナショナリズム）によるのだが、他方では「その土地の市民階級が政治問題にはまったく関心を示さず、あらゆる国家業務を特別の猜疑をもって迎えたこと」（I、二五）にもよるのであった。

十九世紀の最後の二、三十年間に、資本主義は帝国主義の段階に入る。アーレントによれば、ユダヤ人と国家の結びつきは、帝国主義時代とともに終わる。というのは、各国資本主義がその国境を越えていくことを常とするに至る帝国主義時代に入ると、国家財政は急速に膨張する。そのため、ブルジョアジーも、従来のように国家業務から遠ざかっているなどという贅沢なまねはできず、そのためユダヤ人は、「国債および国家への貸附事業における独占的地位を急速に失った」（同前）からである。こうしてユダヤ人は、社会生活のなかでその機能とその影響力を失い、富のほかにはもはや何ものも所有しなくなった。「これと同時に西欧のユダヤ人社会の真の解体がはじまった。」（I、二六）

アーレントによれば、権力と結びついた富は多くの人びとから是認されるのに対し、権力と結びつかない富は、寄生的なもの、余計なもの、挑発的なものと感じられ怨恨（ルサンチマン）をかきたてる。かくて、昔からずっと存在した「ユダヤ人憎悪」――それは政治においては重要性を持たなかった――とは別の、「反ユダヤ主義」が成立してくるというのである。

例外ユダヤ人と感覚鈍麻

『起原』第一部第三章「ユダヤ人と社会」は、これまで見てきたような政治史や経済史的観点からやや離れて、「十九世紀市民社会のなかでの解放されたヨーロッパ・ユダヤ人の社会史」（Ⅰ、一〇〇）を描く。

そのユダヤ人の社会的位置を特色づける一側面に、例外ユダヤ人（Ausnahmejuden）がある。これは、ユダヤ人大衆と区別されるユダヤ民族の例外者であって、西欧社会はこの例外ユダヤ人に対してのみサロンの扉を開いた。

十九世紀の例外ユダヤ人が社会的に「高い」位置にいることになった事情を、アーレントは次のように分析している。「ヨーロッパのすべての国の貴族階級が十九世紀のあいだユダヤ人を受容れる傾向をあれほど示したのは、彼らが市民階級と苛烈な闘争をおこなっていたからであった」（Ⅰ、一五五）というのである。

このような事情はプロイセンやオーストリアでも同様だった。貴族階級とユダヤ人のきわめて密接な関係は、ハープスブルク帝室の終り、すなわち第一次世界大戦末まで持続した。フランスの場合は、貴族を中心とする社交界が民衆から切り離されている程度の極端さたるや、イギリスやプロイセンの比ではなかった。アーレントは、その極端な人間模様を書き込んだのが、プルーストの小説『失われた時を求めて』であって、プルーストはこの社交界の証人および告発者となったとして、それを詳細に記述している。しかしながら、その詳細については、ここでは割愛し、短い引用をするだけにとどめておこう。

「偏見からの自由という概念は十八世紀以来〈寛容〉としてわれわれの愛好し親しんでいる概念であるが、二十世紀がはじまる頃、それ故まだ第一次世界大戦後の市民階級の市民世界の全般的崩壊のはじまる前に、その意味と内容とは根本的に変っていた。」フランス社交界は、「犯罪というものに対して何らの嫌悪」も感じなくなっており、「犯罪と犯罪者に対する極端な感覚鈍麻の最後の段階の前」にいた。その社交界で、「ユダヤ人はちやほやされた。ユダヤ的であるということは一種の悖《はい》徳《とく》と見られたからである。」（I、一六二）

「犯罪には刑罰が加えられるだけだが、悖徳というものを抑えようとすれば絶滅が必要となってくる。」こうして、「ユダヤ人であるということについての社交界の解釈」と、ついに「反ユダヤ人措置が断行されたときの恐るべき徹底さ」（I、一七〇）、具体的には、ナチスの絶滅収容所などとの間には、関連が生ずるのであるとアーレントは論じた。

つまり、二十世紀の到来とともに人びとの間に進行していた「極端な感覚鈍麻」が、大量殺人の一要因になったというのである。[3]

なぜドレフュス事件を問題とするのか

『起源』第一部第四章は「ドレフュス事件」というタイトルである。アーレントは反ユダヤ主義についての記述の多くを、ドイツに関してではなく、フランスに関して行う。その主な理由は、「国民社会主義ドイツ」つまりナチズムの前史が全ヨーロッパで演じられた（I、一八二）からであるが、特に『起源』第一部第四章で論じられるドレフュス事件は、「現代のドラマ」の、具体的にはナチスの運動の「リハーサルのようなものとみなすことができる」（I、一四）し、「ドレフュス事件（ドレフュス裁判ではない）のうちにすでに二十世紀の本質的な特徴のいくつかがあらわれていたことを否定することはできない」（I、一八〇）からだという。

こうしたリハーサルが行われていたからこそ、第二次世界大戦開始後に、フランスは容易にドイツによる占領を許した、とアーレントはいう。つまり、「フランスが国民社会主義という形を取ったドイツの攻撃にあのように簡単に敗れたのは、ヒトラーのプロパガンダがフランスがずっと前から聞き慣れていた言葉を使って語ったからであった」（I、一八〇）ということになる。

アーレントが、まさにこのようなフランスで、抑留キャンプに投げ込まれたことはすでに見た通りである。

ドレフュス事件の背景

ドレフュス事件そのものは、一八九四年末、フランスのユダヤ人参謀将校アルフレッド＝ドレフュス（一八五九〜一九三五）がドイツ帝国のためのスパイ行為を告発され、軍事法廷で悪魔島への終身刑を言渡されたが、これは無実の罪ではないかという疑いが生じ、その真相をめぐって、フランス政界が揺れ動いた事件である。

アーレントは、『起源』で、ドレフュス事件が「国民国家時代におけるユダヤ人の歴史の上の決定的な事件」（I、八四）であり、ヨーロッパにおけるユダヤ人の位置変化を劇的に示すものであったと位置づけた。そして、この事件はユダヤ人将校ドレフュスの逮捕ではなく、パナマ運河疑獄からはじまる、と考える。しからば、どのような位置変化が起こったのか。

一八八〇年代の西欧では、恐慌、不況、財界スキャンダルが蔓延した。その典型が第三共和政下のフランスであって、そこでは「共和国大統領までも含めて議会全体が投機や収賄や恐喝に連座」（I、六四〜六五）していた。そこでフランスにおけるパナマ運河疑獄事件とかドイツにおける泡沫会社詐欺が起こると、これら「夢のようないんちき投資にとっぷり首までつかっていたグループ」である小市民階級は、これらの事件には国家の責任があるとして国家そのものと葛藤を起こしたのだが、それが国家機構と深く結びついていたユダヤ人との対立となり、反ユダヤ主義に取り込まれていった。

一八六九年にスエズ運河を完成させたレセップスの指導するパナマ運河開削会社は、パナマ運河の工事をごくわずかしか進められなかった。他方でこの会社は、フランス国内から膨大な金を社債として引き出していた。その理由は「何度もくりかえされる会社の起債が議会によって認可されたという事実にある。」(Ⅰ、一八二)しかし、工事は進まなかったばかりか、会社自体が何年も前に破産していた。その破産を繕うための社債を起こすことの承認を議会に求めていたのだが、そのためには、議員・官僚・新聞界の買収が必要だった。しかし、それも破綻し、社債に投資した五十万以上の中産階級の人々の生活が破壊されてしまったのである。

このパナマ運河疑獄事件は二つのことを明らかにした。第一は、フランス第三共和政内部で「議員と国家官僚が商人となっていること」であり、第二は、パナマ運河会社という「私的事業と国家機構とのあいだの斡旋がほとんど独占的と言えるほどまでにユダヤ人の手でおこなわれていたこと」(Ⅰ、一八四)であった。

モッブと反ユダヤ主義

パリ・コミューン(一八七〇年)を暴力的に鎮圧して成立したフランス第三共和政の下では、経済上の「無制限な競争」の世界が生じ、そのなかで各人は「全然抑制のないエゴイズム」(Ⅰ、一八九)にしたがって生きるようになり、「徒党に分裂した社会」があらわれた。こうして、「第三共和政の社会と政治家は、短期間に相次いで起るスキャンダルや詐欺事件のうちにフランスのモッブを作り出してしまったのである。」(Ⅰ、二〇四)

このモッブは、『起源』における重要なカテゴリーであるが、アーレントによれば、「ありとあらゆる階級脱落者《デクラッセ》」（I、二〇四）から成る存在である。

他方、ユダヤ人のなかに軍隊の要職を占める者もあらわれていた。ドレフュスは参謀本部に入った最初のユダヤ人であった。ユダヤ人はなるほど社交界に入ってはいたけれども、ユダヤ人が軍の要職につくことに対してはイエズス会の激しい反発に遭遇した。

まさにこの時期、社会の比較的上層のすべての部分は、自分を潔白に見せるためにユダヤ人を犠牲にしてもいいと考えはじめた。生活を破壊されたモッブが彼らの不満をユダヤ人に向けたとき、「ユダヤ人を殺せ！　フランス人のフランスを！」という声があがった。「モッブは自分を締出した社会と、自分が代表されていない議会を憎んだ。」（I、二〇四）「ユダヤ人を殺せ！」の声はモッブを決起させ、社会の上層部はこの声を既成の社会の維持に役立つものだと見なしたのである。

ドレフュス事件に関して言えば、ここに強力な反ドレフュス派が形成された。つまり、「ドイツのスパイ」である参謀本部のドレフュスは、ユダヤ人だというではないか。やっぱりユダヤ人だ。ユダヤ人が許せるか！　という次第となる。「反ユダヤ主義の突撃隊は街頭を支配」し、「警察の加担はあらゆる場合に公然たるものだった。」（I、二一〇）

ドレフュス事件は、反ユダヤ主義の成立と不可分だったのである。

このモッブは、恐慌と詐欺に苦しまされ、わずかばかりの貯蓄をつぎ込んだ末に破産していたのだが、彼らは、どんな反ユダヤ主義のプロパガンダにも動かされる存在であった。恐慌、不況、投機詐欺などが、十九世紀末における反ユダヤ主義の台頭につながったといえるだろう。

ドレフュス派

無実と推定されるドレフュスが終身刑だとされたのは、フランス革命以来の「法の前の万人の平等」という感覚、権力による不正な行為は許されないという感覚が消滅していったことを示している。また、「すべての市民が法の前では同権であり、国家の前では平等でなければならぬという国民国家の原則」（Ⅰ、五五）が覆ったからだともいえる。しかし、フランスでこうした反ユダヤ主義の動きだけが進行したわけではない。

このような時代風潮の中でドレフュスが「ドイツのスパイ」とされたあと、参謀本部情報部長となったピカール大佐は、ドレフュスの無罪を確信していた。アーレントは、ピカールが「社会的な所属」つまりユダヤ人であるかどうかといったことや、「職業上の野心にはまったく動かされぬ良心を持った人間」（Ⅰ、二〇八）だったと書いている。そのピカールの確信に動かされた人びとが少数ながら存在した。アーレントは、その代表者を、「余は弾劾す」と叫んだエミール＝ゾラにではなく、急進社会党を率いて、のち（一九〇六年）には首相となったクレマンソー（一八四一～一九二九）に見た。ドレフュス派は、「一個人の権利の侵害は万人の権利の侵害である」という信念を持っていた。それは、クレマンソーなど、たしかに少数派ではあったが、彼らの闘いによってドレフュスは刑を免れることができた。

ドレフュス裁判がどのような経過をたどったかについては、ここではこれ以上立ち入らない。しかし、先に、二十世紀の到来とともに人々の間に進行していた「感覚鈍麻」が、大量殺人の一要因になったということを見たけれども、「権力による不正な行為は許されないという感覚」の喪失もそれと別のものではない。むろん、このような感覚を持ち続けた人々も、存在してはいたのだが。

〈黄金の安定期〉

このドレフュス事件を通じて台頭した反ユダヤ主義がナチスに直結しているわけでは、もちろんない。直結しなかったのは、「十九世紀末前後に泡沫会社と株式の詐欺の時代は遂に終結」（I、七七）し、第一次世界大戦の勃発までの約二十年間、全般的な泰平の期間が来たからである。こうして、ドレフュス事件の波間に姿を現した反ユダヤ主義は、第一次世界大戦前の時期に一時的に消滅した。アーレントは、シュテファン＝ツヴァイク[4]がこの泰平の時期を特徴づけた言葉である〈黄金の安定期〉を、『起源』第一部第二章第四節の表題として使用した。（I、九四）

この二十年間が〈黄金の安定期〉であったのは、この時代のヨーロッパに工業力・経済力の巨大な発展が見られたからである。そのため、政治的要因としての反ユダヤ主義は重要性を失って消滅した。もっともその消滅は一時的なものにすぎず、第一次世界大戦とロシア革命を経て、巨大なうねりとなる。

「第一部 反ユダヤ主義」の描いたものと現代

『起源』「第一部 反ユダヤ主義」の記述を、ごく概括的に紹介した。『起源』第一部が描き出したドラマは、西ヨーロッパの「国民国家」のなかで安定的な位置を占めていた宮廷ユダヤ人の位置が、十九世紀末から二十世紀初頭にかけて劇的に変化したことにかかわっていた。それは、実に多様な人びとの登場するドラマであるが、中でもドレフュス事件は、ナチスの運動のリハーサルともなっているという点で、注目すべきものであった。

アーレントの『起源』という「歴史認識」の背後には、ヤスパースが見事に指摘したように、彼女の「経験」と「想像もつかぬほどの量の文献資料」という基礎がある。さらにはさまざまな地域（たとえばフランスの場合と、オーストリア＝ハンガリー帝国の場合など）の状況の差異にも彼女の記述は及ぶ。そして、彼女の記述には、歴史的な記述にとどまらず、「市民世界の全般的崩壊」にともなう「極端な感覚鈍麻」とか、これと関連するが、「権力による不正な行為は許されないという感覚」の喪失についての言及などが随所にみられる。『起源』は、このような精神史的・社会史的考察をも重層的に含んでいて、単に年譜式に事象をたどっていくものとは性格を異にするところがある。(5)

アーレントの『起源』は、別の意味で、単なる歴史記述にとどまるものではない。『起源』第一部

第四章の「ドレフュス事件」を読むと、事態の展開の前提に「バブル経済」があるということを如実に感じさせられる。つまり、一八八〇年代のフランスは、一種のバブル経済に入り込んでいた。話はいささか飛躍するが、第一次世界大戦期の日本も、一種のバブル経済に入り込み、その崩壊が中国侵略の条件を作り出したのだった。

バブル経済が現代社会と不可分なものだとすれば、その早い時期の現れが十九世紀末となるのであろう。バブル経済は、いかなるところに行き着くか。そんな問題を、『起源』は否応なしに突きつけてくる。

政治的事件の観察者アーレント

ナチスの全体主義を論ずるのに、なぜフランスの記述がかくも多くを占めるのかという点については、ドレフュス事件がナチズムのリハーサルの意味を持っていたからだというアーレントの着眼点をすでに説明した。だが、フランスに関する説明の多さについては、さらに別の視角からも考えることができる。

ドイツ文化の中から生まれてきたアーレントが、『起源』で問題をひたすらドイツに限定せず、より広い国・地域に即して論じていこうとしたことは、単にナチス・ドイツだけが問題だったのではなく、二十世紀における全体主義につながる諸要因こそが問題だったということを示している。それは一方では、アーレントが自分の蒙った「被害」ばかりをひたすら「告発」する姿勢をとらず、距離を置いての観察者として自らを位置づけた基本姿勢にも関わる。しかし他方では、アーレントの批判が、単にドイツに対してのみでなく、ヨーロッパ全体に対しても向けられたことによる。

アーレントが渡米後に英語で書くようになった論文のなかで、ヨーロッパ社会におけるユダヤ人を「パーリア（賤民）」と経済的に成功した「成り上がり者」とに類型化して説明していたことは既に見た。彼女は、そのパーリアの系譜に属するとした詩人ハインリヒ＝ハイネについて、「人間のすべての所業に対してパーリアが本質的に距離を置くという点に、ハイネは自由というものの本質を味わい知ったのである」（『パーリアとしてのユダヤ人』四二）と書き、さらに、

彼は政治の世界を作品に映し出すことのほかは何も望まなかったから、教義を持たずにすみ、自由への大いなる情熱を保つことができた。またすべてを望遠鏡のレンズを使ったようにかなり遠くまでかなり鮮明に眺めたにしても、イデオロギーという眼鏡を通して見ることはなかったから、彼は今日でも当時の政治的な事件のもっとも優れた観察者の一人と見なすことができる。（同、四四）

と書いた。このハイネについての記述も、先にみたアーレントのツヴァイク評の場合と同様、ハイネについての記述でありつつ、アーレントそのひとについての記述として読むことができよう。

三　「第二部　帝国主義」

帝国主義の時代

アーレントは『全体主義の起源』第二部「帝国主義」の冒頭で、帝国主義の時代とは、ヨーロッパ諸国によるアフリカ争奪戦が開始され、汎民族運動が誕生した一八八四年に始まると書き、「政治の不変最高の目標としての膨張が帝国主義の中心的政治理念である」（Ⅱ、六）と規定した(6)。

この「膨張」ということが、一方で近代の国民国家のあり方を大きく転換させることになる。というのは、国民国家というのは、原理的には同質的住民と政府に対する住民の積極的同意を前提するが、「膨張」によって異質な住民を抱え込んだ場合、征服民族が被征服民族から統治の「同意」を取りつけることの困難は明白であって、彼らを「同化」し、「同意」を強制しなければならないという課題が発生するからである。

他方、ヨーロッパ各国の工業化は、国境を越えての膨張を不可欠のものとした。かくて、国民国家の変質、アーレントの表現では、「国民国家の没落」が避けられない。さらに、全体主義がこの「帝国主義的膨張の後継者」（Ⅱ、二七）として成立するに至るのだが、その点はのちに触れる。

ローザ＝ルクセンブルク

ローザ＝ルクセンブルクの『資本蓄積論』　帝国主義の位置付けについて、アーレントはローザ＝ルクセンブルク[7]の『資本蓄積論』を援用している。

ローザは、「資本主義（市場経済）は、一定期間ごとにマルクスの言う本源的（原始的）蓄積を繰り返さなければならず、そのために資本主義経済の外に非資本主義的な経済や『自然経済』を必要とするシステムである[8]」と考えた。そう考えたがゆえに、彼女の主著のタイトルを『資本蓄積論』（一九一三年）としたのである。これはつまり、帝国主義が非資本主義的な経済を次々と巻き込んでいく必然性を論じたものといってよい。

そのような基本線に関する記述だけではなく、例えば南アフリカをめぐる記述にも、『資本蓄積論』と一脈通じるところがある。『起源』第二部「帝国主義」でまず登場するのは、十九世紀以降の南アフリカにおける鉱山資源をめぐる物語である。そこでは、コンラッドの小説『闇の奥』――これはコッポラの映画『地獄の黙示録』の原作として知られる――などを活用して、南アフリカにおける人種主義の肥大がヨーロッパに跳ね返り、帝国主義の一要因となっていくさまが描かれる。この南アフリカについてのアーレントの記述は、『資本蓄積論』の記述をも一部で踏まえている。ここでローザの議論に立ち入ることはできないが、いずれにせよ、アーレントの帝国主義論にはローザのそれの延長線上にあるといえる側面がある。

「大陸帝国主義」

アーレントの帝国主義論のユニークな部分の一つは、「海外帝国主義」と「大陸帝国主義」の区別である。海外帝国主義は、イギリス・フランス・オランダ・ベルギーのそれであり、非ヨーロッパ諸大陸の広大な領土を次々と征服するに至った。

この大陸帝国主義に先んじて成立していたのが、汎民族運動であった。西欧の帝国主義的膨張から締め出しを喰った十九世紀末のドイツやロシアでは、それぞれ汎ドイツ主義・汎スラヴ主義という「政治的害毒」がはびこり始めた。例えば汎ドイツ主義者たちは、「われわれのもとに暮らしている血統の異なるヨーロッパ人、すなわちポーランド人、チェコ人、ユダヤ人、イタリア人等々を奴隷の地位に就かしめること」を提案していた。（Ⅱ、一六四）この汎民族運動を背景に持つ大陸帝国主義は、最初から人種主義の方向をとっていた。

『起源』は、ドイツ語版では『全体的支配の諸要因と諸起源』であるが、まさしくこの汎ゲルマン主義が、全体主義の起源でもあれば要素でもあったことは明白である。また、汎スラヴ主義も、スターリン体制下にロシア中心主義としてその姿を現した。はるかのちのチェチェン紛争などに及んでいく一面があるのであろう。

すぐ前に見た汎ドイツ主義者たちの「提案」を読む人の念頭には、二十世紀前半における日本の動向と、中国人、朝鮮人、満州人等々が置かれるに至った地位との関係への連想が浮かばないであろうか。むろん、日本帝国主義は、海外にその植民地を持ったという意味では「海外帝国主義」と見なし得る面があるであろう。しかし、日本に充満していたナショナリズムを考えれば、「大陸帝国主義」に共通する側面を濃厚に持っていたといえよう。しかし、アーレントの帝国主義論は、日本について触れているわけではないし、日本の帝国主義に関する言及は、具体的な歴史記述と相まって行われるべきものであろう。

それにしても、アーレントの著作を読む際にしばしば生ずる経験は、特定の歴史記述をしているようでありながら含みがあって、その記述の対象とは全く別の世界を連想することを強いられるということであり、この部分など、まさしくその典型である。

「種族的ナショナリズム」

大陸帝国主義がイギリスを先頭とした海外帝国主義に対する反動として生まれたのに対し、汎民族運動は、国民国家形成ができなかったことに対する欲求不満から生じた。汎ドイツ主義・汎スラヴ主義の下では、「自分の民族は唯一独自の民族であり、その存在は他民族の同権的存在と相容れないと主張する」（Ⅱ、一七〇）「種族的（ドイツ語では völkisch、英語では tribal）ナショナリズム」が登場する。それは西欧型ナショナリズムとは全く異質のものだ。

西欧では、「国家がその性質からしてその領土内の住民すべてを民族的帰属とは関わりなく法的に護り保証する義務を負うことは、十九世紀を通じて第一次世界大戦に至るまで自明のことだった。」（Ⅱ、一七八）しかし、東欧や中欧では事情は違っていた。

西欧は「人類の理念」「人間の尊厳の概念」のリアリティが感じられる世界だった。しかし、「種族的観念」が支配的なところでは、そんな理念などは侮蔑された。

「ドイツ人なりロシア人として、ゲルマン人なりスラヴ人として生まれたことに全存在を負うているような人間が、いったいいかなる尊厳を人間として持っていると言えようか。」（Ⅱ、一八四）この「種族的観念」は、「アトム化した社会のジャングルで近代人が当然感じる不安を和らげる」効果もあった。「社会的故郷《ハイマート》と安心感の一種の代用品」というわけだ。こうした種族的観念が強まっているところで、多数の民族が狭い空間でにらみ合わざるを得なくなったらどうなるか。

「バルト海からアドリア海にまたがる人口過密のベルト地帯」では、「異なる血統の人間同士が互いにどれほど酷いことができるものかを知っていた。」（Ⅱ、一八五）こうして、東欧や南欧の諸民族の間で台頭した「血の共同体」という観念は、全体主義運動の重要な構成要素となっていく。

汎民族運動（汎スラヴ主義と汎ゲルマン主義）に当然ながらつきまとう選民的な主張が、ユダヤ人の選民信仰と張り合う形になるのだ。アーレントは、ロシアの宗教哲学者ベルジャーエフの言葉を引いている。「ロシアのメシアニズムとユダヤのメシアニズムは極めて近い関係にある」（Ⅱ、一九三）というわけだ。こうして、経験的裏付けを欠いたユダヤ人憎悪――「ユダヤ人を憎むのにユダヤ人を全く必要としない」というユダヤ人憎悪――が生まれるというのだが、これこそが二十世紀の反ユダヤ主義の特徴だ、とアーレントは書いている。

ヒトラーは、こうした反ユダヤ主義を使えば「人種の疑似ヒエラルヒー的原理」を組織原理に転化し得ることを理解した。「最悪」の人種を確立すれば「最良」人種を支配者とする「秩序」の創出が容易になる、というわけだ。

アーレントの『全体主義の起源』のその「起源」に関する記述は多面的だ。それは、この本の第二部「帝国主義」第四章「大陸帝国主義と汎民族運動」だけ見ても言えることである。この章ではまず、種族的ナショナリズムが問題とされたが、この章の二つ目の問題は官僚制である。しかし、その論点は省略して、次の論点を見よう。

二十世紀の開始点としての第一次世界大戦　『全体主義の起源』第二部が論じている南アフリカのブーア人のこと、金鉱やダイヤモンドの採掘にまつわる山師たちの物語、汎スラヴ主義と汎ゲルマン主義、官僚制などの問題は、その起源に関していえば、主として第一次世界大戦前の時代に関連している。それらも全体主義の「起源と要素」ではあるにしても、事態は第一次世界大戦を経て大きく展開する。

その第一次世界大戦についてアーレントは、大戦という「破局が放った鋭い閃光にわれわれはまだ今日でも目がくらんでいて、事件の輪郭を見定めて描くことさえ容易ではない。」（Ⅱ、一三五）と書いている。『起源』第二部を読んでいて、少し不思議なところは、第一次世界大戦そのものの記述がほとんど見あたらないという点であるが、それはさておくとしよう。破局は第一次大戦で終わったのではなかった。第一次大戦という「最初の爆発は今日まで止むことなく続いている連鎖反応の開始の合図のようなものだった。」（同前）

アーレントは、この「連鎖反応」が二十世紀を極めて恐ろしく、暴力的な世紀としたとする。「両大戦間に起った内戦は昔より血腥《ちなまぐさ》く残虐だったばかりではなく、ヨーロッパが数百年来、いや数千年来見たことのなかった民族移動を引き起こした。」（Ⅱ、一三五～六）そして、この「民族移動」が、膨大な「難民と無国籍者の大群」を産み出したことに注意を促す。

「第一次世界大戦以来現実に起ったことは何一つ修復されず、不幸は何一つ阻止されなかった、再び世界大戦が繰り返されることとすらも。」「そしてすべての破局は最終的破滅だった。」（Ⅱ、一三六）巨大な民族移動に加え、「失業、無国籍、故国喪失」も大規模に生じた。この問題こそ、第一次世界大戦に関連してアーレントが書こうとしたことだった。

このような人々の間に「憎悪」という心性が蔓延《まんえん》し始めた。むろん、憎悪という感情自体は、いつの世にも存在する。しかし、大戦間時代には「憎悪はあらゆる公的問題における決定的要因にま

でなってしまった。」（Ⅱ、二三六）
「失業、無国籍、故国喪失」などのかもしだす崩壊の雰囲気は、大戦間時代のヨーロッパ全体をおおい、精神的にも「荒地」の状況を作りだした。この崩壊の雰囲気が一層色濃く感じとられたところは、敗戦国においてだった。敗戦国と言っても、ドイツはもとよりとして、オーストリア＝ハンガリー帝国の解体とロシア革命によって成立した東欧諸国は、おしなべてこうした雰囲気にあったと見てよい。
アーレントは、この地域の民族間の「憎悪」について、次のように書いている。
「ヨーロッパ自体における諸民族間の憎悪は新しい段階に入ったのである。なぜならここではどの民族も互いに、なかんずく最も近い民族を憎み合い、スロヴァキア人はチェコ人を、ハンガリア人はスロヴァキア人を、クロアティア人はセルビア人を、ウクライナ人はポーランド人を、ポーランド人はユダヤ人をという具合に、この憎悪の関係は、互いに入り組んで混住する民族集団の数の分だけ果しなくひろがっていたからである。」（二三七）
大戦間時代に関するこの記述は、ここに言及されているすべての固有名詞について当てはまるわけではないにせよ、例えば一九九〇年代初頭の冷戦体制終結以降における旧ユーゴスラヴィア地域の情勢を描いているかの如くではないか。憎悪の関係が「果しなくひろがって」いる状況は、今日に至るも深まりこそすれ改善の兆しも見えず、不幸にしてと言うべきだが、アーレントの論の射程は、現代に及んでいる。このような意味でも『起源』は現代的意義を持っている。しかし、その射程について具体的に記すには問題が大きすぎる。

少数民族と無国籍の人々

第一次世界大戦終結後には、ヨーロッパ以外の地域にも民族運動の巨大なうねりがあり、一九一九年から翌二〇年にかけて、東欧に多くの独立国が誕生した。ヴェルサイユ講和会議でも、東欧地域における民族自決権を拒むことはもはや不可能だったからである。

この時期に誕生した東欧の国々には、人口の点で多数を占める民族、つまり「国家民族」が存在した。例えばチェコスロヴァキアでは人口の約五〇パーセントを占めるチェコ人、ユーゴスラヴィアでは人口の約四二パーセントを占めるセルビア人、という具合。しかし、これでは、これらの国々はとうてい「国民国家」とはいえないということに注意しなければならない。当然、国境紛争も頻発した。「領土境界はかつてないほど恣意的、偶然的なものと化し、民族間の境界線ではなくなっていた。ヨーロッパのこの一角ではヒットラーが手を貸さずとも、全民族が相互に摑合《つかみあ》いを始めるのは必然だったのである。」（Ⅱ、二四二）

また、一国内に「多数民族」がいるということは、当然の帰結として、「少数民族」がいるということでもある。

第一次世界大戦後には、少数民族の問題に無国籍者の問題が加わった。

無国籍ということは現代史の最も新しい現象であり、無国籍者はその最も新しい人間集団である。第一次世界大戦の直後に始まった大規模な難民の流れから生まれ、ヨーロッパ諸国が次々と自国の住民の一部を領土から放逐し国家の成員としての身分を奪ったことによってつくり出された無国籍者は、ヨーロッパ諸国の内戦の最も悲惨な産物であり、国民国家の崩壊の最も明白な兆候である。十八世紀も十九世紀も、文明国に生きながら絶対的な無権利状態・無保護状態にある人間を知りはしなかった。第一次世界大戦以来、どの戦争もどの革命も一律に権利喪失者・故国喪失者の大群を生み出し、無国籍の問題を新しい国々や大陸に持ち込むようになった。過去二十五年間のあらゆる国際会議にこれほど執拗に姿を現わし、しかも満足すべき解決の見通しが全く得られなかった問題は他に類がない。（Ⅱ、二五二）

ここには、「無国籍者」が「現代史の最も新しい現象」だという指摘がある。それだけでなく、ここにはアーレントの思考の特色がよく現れている。ドイツ系ユダヤ人だったアーレント自身も無国籍ユダヤ人となり、その悲惨を嘗め尽くした。その受難経験を前提としながら、その悲惨を現代の最重要な問題として位置づけ、その問題がいかにして成立してきたのかを広い視野の中で解き明かそうとしたのである。

無国籍者が「現代史の最も新しい現象」というからには、その史的展開はいかなるものだったか。

無国籍者の史的展開

第一次世界大戦前には、無国籍者はまれだった。「無国籍が第一級の政治問題となったのは、ロシア革命の後、ソヴィエト政府が数百万の亡命ロシア人から国籍を剥奪してからのことである。」（Ⅱ、二五四）

そしてその後には、数十万人のアルメニア人、数十万のドイツ人のケースなどがあり、一九三〇年代のスペイン内乱によって五十万の共和国軍兵士と数十万の民間人の亡命者がフランスに逃れてきたといった具合に、枚挙にいとまがない。もはや、特定の個人がではなく、民族集団がまとめて国境を追われる事態となった。

こうして、ヨーロッパ社会で亡命者を守ってきた「庇護権《アジュールレヒト》」が崩壊し、「帰化制度」も崩壊した。というのは、いちどきに数十万・数百万の人々を帰化させせなければならない事態が生じたとき、帰化という処置方法自体が意味を喪失してしまったのである。

また、ポーランドの外務大臣は、国内の百万人のユダヤ人が「定員超過」だと宣言。ルーマニアでも、数え切れないほどのユダヤ人が突如「帰化市民」だと見なされた。アーレントによれば、「帰化から無国籍までほんの数歩しかないことは三十年代には全世界に知られていた」（Ⅱ、二六〇）し、「戦前のフランスでは無国籍者と潜在的無国籍者の数は全人口の一〇%を占めていた。」（二六七）という。

こうした無国籍者の増大は、各国において無国籍者の監視に当たる警察の権力領域の異常な拡大をもたらした。

繰り返しになるけれども、全体主義に連なる諸要因は、ドイツとソ連においてのみ存在したのではなく、全ヨーロッパに広く存在していたのであり、それがまた、ナチスがかくも短期間にヨーロッパのかなりの部分の軍事的制圧に成功した理由だったというのがアーレントの所論である。

大戦間時代におけるユダヤ人問題　このように見てくると、「両大戦間にはさまれた時期にはユダヤ人問題は少数民族問題と無国籍問題を二つながらに含み、それらを典型的に代表していた。」（Ⅱ、二六九）というアーレントの指摘が、実によく納得できる。

ここでは、次の二点が注目されるべきである。

第一。第一次世界大戦を通じて大規模化した少数民族問題と無国籍者問題が、まさしくユダヤ人大量殺害の、全体主義の大きな前提を形成したということである。

第二。亡命者と無国籍者の問題は、現代では難民問題と表現される。これが特定の民族だけの問題でないのは今では自明であるが、この問題のそもそもの成立の経緯を『起源』第二部においてアーレントは解き明かしたのであった。

人権のアポリア

「政治上の近代」は、十八世紀後半に起こったアメリカ独立革命とフランス革命による人権宣言をもって始まっている。そこでは、人権は「奪うべからざる権利」と宣言された。

しかし、この権利は、二十世紀における無国籍者の出現によって、疑わしいものとなった。この権利は、政府の保護を失い市民権を享受し得なくなった人々にとっては無に等しいものとなった。つまり、彼らは無権利者となったのである。いかなる亡命者グループも、この「奪うべからざる権利」に訴えようなどとはせず、例えばポーランド人としての権利、ユダヤ人としての権利のためにたたかったからである。

無権利者が蒙った第一の損失は、故郷の喪失だった。「歴史的に例がないのは故郷を失ったことではなく、新たな故郷を見出せないこと」（二七五）であった。第二に、彼らは政府の保護を失った。「無権利者の不幸は、彼が生命、自由、幸福の追求、法の前の平等、いわんや思想の自由などの権利を奪われていることではない」。「これらすべては所与の共同体の内部の諸権利を守るために定式化されたものであり、それ故に無権利者の状態とは何の関係もない。無権利状態とはこれに対し、この状態に陥った者はいかなる種類の共同体にも属さないという事実のみから生まれている。」（二七九）彼らは「諸権利を持つ権利」を喪失してしまった。

ソ連は、ロシア革命後の一九二〇年代にロシアから追われた亡命者たちを、このような「生ける屍」にしてしまったし、ナチス・ドイツも、しばらく後に同様のことをしたのである。このことは、一方でスターリン主義とナチズムの類似性を物語るとともに、両者による大虐殺の前提をも作り出した。つまり、このような「生ける屍」の存在は、「殺人の挑発」に等しかったのである。

『全体主義の起源』の新しさ

『全体主義の起源』第二部「帝国主義」論には幾多の先駆者がいた。先駆者というのはむろん、ホブスン、ヒルファディング、ローザ＝ルクセンブルク、レーニンなどである。

アーレントが高い評価を与えたのは、まずホブスンの著作であって、これが「帝国主義の純粋に経済的な要因と原動力」を発見したと評価する。(9) これに対し、ヒルファディングの『金融資本論』(一九一〇年)とレーニン『帝国主義』(一九一七年)については、「その後を継いだに過ぎない」(Ⅱ、五)としている。ローザの『資本蓄積論』(一九一三年)については、「卓越した歴史感覚」に基づくものであり、「政治とは全く無関係に自分自身の法則に従う資本主義発展などというものは存在し得ないし、また存在したこともないことを証明」していて、「広い射程」を持っていると賞賛している。

しかしながら、この四人の「帝国主義論」に直接言及しているのは、『全体主義の起源』第二部の「第一章　ブルジョワジーの政治的解放」にほぼ限定されていることにも注意しなければならない。他方、第二部の「第二章　帝国主義時代以前における人種思想の発展」と、主に南アフリカにおける人種妄想やイギリス帝国主義の植民地支配の所業を軸に展開された「第三章　人種と官僚制」は、人種の問題が大きく扱われたところに特色がある。「第四章　大陸帝国主義と汎民族運動」は主として中欧・東欧におけるロシア・ドイツを中心とする汎民族運動に光を当てている。

いずれの章も、確かに「全体主義の起源」を問題にしてはいるけれども、ヒトラーのドイツとスターリンのロシアだけを問題にするという姿勢であるわけではない。ドイツやロシアを特殊なものとして見ることなく、むしろ十九世紀末以降のヨーロッパを、あくまで客観的・批判的に思想史的・政治史的に分析しようという緊張感に貫かれているといってもよい。

特定の国を決して特別視することなく、客観的・批判的な分析を貫くという点では、ホブスンにしてもローザにしてもレーニンにしても同じことではあるけれども。

アーレントはのちに、「はじまりを意味するギリシア語はアルケーであり、このアルケーははじまりと原理の両方の意味をもつ」（革命、三三九。傍点の強調は訳者による）と書いた。この表現を借りれば、ホブスンもローザもレーニンも、帝国主義がその相貌をさらしたその「はじまり」（に近い）ところで、その「原理」についての分析をしたと言えよう。

これに対してアーレントは、全体主義の所業を見渡せるに至った「はじまり」（に近い）ところで、その根本的な経験の「原理」についての前人未踏の分析をした。その叙述の「はじまり」が、『全体主義の起源』第二巻・第五章における「無国籍者」「難民」の大量発生の問題であり、それは当然ながら過去の帝国主義論には見られないところであった。汎民族運動の標的とされた民族・人種が、まさしく「無国籍者」や「難民」とならざるを得なかったという事情を考えれば、人種の問題や汎民族運動の動向を論ずることが「大陸帝国主義」論に連なっていくのは当然でもあった。

アーレントはここに至って「現代史の最も新しい問題」の「原理」を、政治史的・思想史的に、自ら新しい資料を徹底的に集めつつ、究明したのであり、この問題を媒介に、いよいよ「全体主義」論にふみ込んでゆく。

四「第三部　全体主義」

アーレントは、『起源』「第三部　全体主義」第四章「イデオロギーとテロル」の冒頭で、

全体的支配の諸制度は、過去および現在の暴制・専制・独裁制としてわれわれに知られている政治的抑圧のさまざまの形式よりも徹底的であるのみか、それらの形式と原理的に異なっている（Ⅲ、二六八）

とし、「全体的支配はこれまで一度も存在しなかった一つの新しい国家形式である」という。そして、ナチズムとスターリン主義という二つの全体主義、つまり「第三帝国のガス室」と「ソ連の強制収容所」に中核を持つ全体主義に関して、その「事実を追究し、どのような方法で、またどのような機能連関においてこうしたことがおこなわれたのかを確かめることは、歴史および政治の科学の課題である」（Ⅲ、二七〇）と書いている。

しかし、いきなりこの「第四章　イデオロギーとテロル」における「全体的支配」という国家形式についてのアーレントの政治学的説明をたどると、記述が著しく概念的・抽象的になると思われる。

そこで、アーレントがこの本の執筆を思い立った経過から考えてみよう。そして、第三部の第一

章から第三章の中から、「全体主義」確立に至る歴史的経過に関わると思われるところに主として着目してみよう。

『起源』執筆の意図

アーレントは、『全体主義の起源』第三部「全体主義」の英語分冊版出版（一九六八年刊）に際しての「緒言」の中に、

> ナチ・ドイツの敗北によって物語の一部は終末を迎えた。これは、歴史家の過去への目と政治学者の分析意欲とをもってわれわれの時代の諸条件を見渡すのに適した最初の時期だと思えた。まだ「憎悪も好意も持たず」などとは言えず、痛みと悲しみに満たされ、それ故に嘆きの口調を免れはしないが、しかし口も利けない憤激と無気力な恐怖からは立ち直って、何が起ったのかを語り理解することを試みる最初の機会が訪れたのだと思えたのだ。いずれにせよそれは、私の世代が成年期のほとんどにわたってそれを抱きつつ生きねばならなかったあの問い——何が起ったのか？　なぜ起ったのか？　どのようにして起り得たのか？　——を明確に口に出し、詳《つまび》らかに語ることのできるようになった初めての時点だった。（Ⅲ、ⅳ）

と書いた。ここにはアーレントがこの本を書いた意図が明瞭に語られている。すなわち、「何が起ったのかを語り理解することを試みる」こと、さらには、

なぜ起ったのか？

どのようにして起り得たのか？

を描くことが、この『起源』のねらいだというのである。

しかし、実際は「何が起ったのか？」がさほど書き込まれているわけではない。例示するならば、ナチスに関しては、その権力掌握に至る過程、対外侵略の拡大過程、外交、強制収容所の設置や拡大の過程、強制収容所内部の事態、絶滅収容所の殺害者数などは、ほとんど書かれていない。他方、スターリン体制に関しては、その成立過程、富農層の絶滅過程、少数民族の抑圧、スターリンの政敵粛清過程、強制収容所内部の事態なども、ほとんど書かれていないし、独ソ間の外交から戦争に至る事態についても、記述は乏しい。

つまり、『全体主義の起源』を、ナチズムの歴史やスターリン主義の歴史を描いた通常の歴史書とイメージして読むならば、あてが外れる。この本は、「第二次世界大戦史」でもなく、突き詰めていえば、二つの「全体主義」による大量殺人が「なぜ起ったのか？　どのようにして起り得たのか？」を描こうとしたものだといえよう。

そうなった理由を推定すれば、アーレントは、ナチズムなりスターリン主義なりによって「口も利けない憤激と無気力な恐怖」に沈んでいた人々をこそ、まずもってこの本の主な読者層として想定していたのであろうからである。

そのような人々は、自分たちが巻き込まれた時代の鳥瞰的な把握はすぐには容易でないとしても、

「何が起ったか」については、断片的であるにせよ一定程度は知っていた。加えて、何が起こったかについての断片的な記録は、次々と現れて来るであろう。それに較べれば、「なぜ起ったのか？ どのようにして起り得たのか？」の説明は困難であろう。しかし、たとえ困難であろうとも、取り組まねばならない。なぜなら、それは「私の世代が成年期のほとんどにわたってそれを抱きつつ生きねばならなかったあの問い」への回答でもあるからである。アーレントはこの問いを、「歴史家の過去への目と政治学者の分析意欲とをもってわれわれの時代の諸条件を見渡す」ことによって果たそうとした。

しかし、『全体主義の起源』は、ナチズムとスターリン主義の直接的体験者に向けてのみ語られたものではない。というのは、全体主義的傾向は二十世紀におけるいわば世界的現象であるからである。加えて、一〇六頁にアーレントの「緒言」からの引用をしたが、そこに「物語の一部」は終末を迎えたとあるように、アーレント自身、全体主義が完全に過去のものとなったとは考えていなかったからである。

アーレントの歴史記述の特色 アーレントは、ダリンという人物のソ連に関する著述を引用しているが、その人の著作を、「宣言や告発を書こうとしている〈有名〉人物の手になるだけに、時として説得力を欠く」（Ⅲ、二三三（注98））と批評している。ナチズムやスターリン主義に関して書くことは、「痛みと悲しみに満たされ、それ故に嘆きの口調を免れはしない」ものであるとしても、それが「宣言」や「告発」となっては説得性が薄れる、というのがアーレントの考えであった。

この客観性への執着は、注目に値する。というのは、「全体主義」に対して「口も利けない憤激と無気力な恐怖」に沈んだ人々だけを読者層と想定するなら、「宣言」や「告発」でもよい場合もあるかもしれない。しかし、アーレントの関心は、そのような一時的なものにとどまらず、はるかに普遍的なものであったといえる。

それはまた、次のような「無名の者たち」への共感と結びついている。

> スターリン体制の犯罪性は結局のところ、僅か数百か数千の著名な政治家や文学者の名誉毀損や殺害にだけあったのではなく――これらの人々に対しては死後に「名誉回復」を行なうことができるだろうが――、何ぴとも、スターリンですらも「反革命的」活動の嫌疑をかけることは不可能だった数百万の文字通り無告の民の殲滅にこそあったのである。（Ⅲ、xii）

というのであるが、アーレントはこの「無告の民」――アーレントもまさしくその「無告の民」に連なる一人であった――に紙碑を建てようとした、といえる。

アーレントは、一九六六年六月の日付を持つ「緒言」末尾で、「スターリンもヒットラーと同じく、恐るべき事業の途半ばにして仆《たお》れた。本書が語るべき物語、そして本書が理解し決着をつけようと試みた諸事件は、この時をもって少くとも暫定的な終りを迎えたのである」と書いている。

ここの「理解し決着をつけようと試みた」という個所に着目したい。まさしく「全体主義」とは何だったのかを言葉によって理解し、それによって「決着」をつけることが問題だったのである。

大衆社会

では、アーレントは『起源』第三部「全体主義」をどう描いていくか。アーレントは、「全体主義」を「全体的支配」とか「全体主義的な支配」とも表現しているが、いずれにせよ、この「全体的支配」を成り立たせる条件がいくつかある。

その第一は、「大衆社会」である。アーレントによれば、「現代の大衆」は、「共同の世界が完全に瓦解して相互にばらばらになった個人から成る大衆」である。

現代の大衆社会に特有な個人化とアトム化が全体主義的な支配の成立にとっていかに必要不可欠かを明らかにするには、ナチズムとボルシェヴィズムを比較するのが最上の方法だろう。この二つは歴史的にも社会的にもこれ以上の相違は考えられないほど異なった条件のもとで成立していながら、結局はその支配形式ならびに諸制度はともに驚くべき類似性を示すに至っている。（Ⅲ、二四）

ナチス支配下の社会も、ボルシェヴィズムつまりスターリン支配下の社会も、現代の大衆社会を前提としていたことになる。それにしても、一九二〇年代から三〇年代のドイツに大衆社会が成立していたということは理解できるにせよ、同時代のソ連に大衆社会があったのだろうか。なかった。

そこで、スターリンはどうしたか。なんと彼は、「この条件を人為的な手段で創り出さねばならなかった」(Ⅲ、二二五)のである。

スターリンがこのためにとった方法は、インターナショナリズムの名において新しい少数民族を、「清算」し、ソヴェートを有名無実とし、都市の有産階級を絶滅させ、農民階級を清算することだった。こうして「平等」になった社会、その成員がバラバラになったアトム化した社会が形成された。このことについては、のちに立ち入って説明しよう。

イデオロギー

第二は、全体主義のイデオロギーである。

ナチスの下では人種主義が、スターリン主義下では「弁証法的唯物論」が、全体主義のイデオロギーとなったけれども、アーレントによれば、十九世紀に成立したこれらの世界観やイデオロギーそれ自体が全体主義的であったわけではない。それに、人種主義は「なさけないほど卑俗」だが、弁証法的唯物論は「西欧の最も優れた伝統を溢れるばかりに身につけ」(Ⅲ、二七四)ていた。

この両者、つまり人種主義と弁証法的唯物論が、二十世紀の決定的なイデオロギーとして現れたのは、人種主義の場合は「地球の覇権をめぐる人種闘争」の格段の重要さによるのであり、「弁証法的唯物論」の場合は、「国内の政治権力をめぐる階級闘争」の政治的重要性による、とアーレントは

説明している。（Ⅲ、二八六）

また、彼女によれば、あらゆるイデオロギー的・科学的大衆プロパガンダは本来デマゴギー的な側面を持つ。その「内容がいかに荒唐無稽であろうと、その主張が原則的にかつ一貫して現在および過去の拘束から切り離されて論証され、その正しさを証明し得るのは不確定の未来のみだとされるようになると、当然にそのプロパガンダはきわめて強大な力を発揮する。このようなやり方は、過去が疑わしく現在が堪え難くなった危機の時代には必ず威力を揮《ふる》うものなのである。」（Ⅲ、七二）「イデオロギー的大衆プロパガンダ」に染まった人は、どんな問題であれ、経験や経験された現実とは無関係にその世界観から快刀乱麻を断つごとく、「説明」してしまう。「論理的演繹のみを事とするイデオロギー的論証」（二八七）である。

このようなプロパガンダや「論証」に引きつけられるのは「大衆」である。というのは、現代の大衆は、「アトム化によって社会の中に居場所を失ったばかりか、常識がそれにふさわしく機能し得る枠組をなしていた共同体的な人間関係の全領域をも失ってしまったからである。」（Ⅲ、八一～八二）これはまた、現代の大衆のかかった病でもある。「常識とその判断力が徹底的に消滅し、また人間に最も基本的な自己保存本能がそれに劣らず徹底的に働かなくなったという病」（Ⅲ、七二）である。

多くの人びとは通常、伝統的な規範とか家族とか何らかの宗教とかを前提にして暮らしている。しかし、第一次世界大戦や革命や恐慌などを通じて、そのような前提が機能しなくなっていったことに加え、大衆社会状況が広く深く進むと、多くの人びとが生きる上で基準としてきたことが見失われてしまう。こうなると、自分の経験をもとに、自分で判断するということが失われていく。「経験」するという能力が失われるともいえる。

特定の世界観・イデオロギーにからめ取られた人々は、「硬直し狂気じみた首尾一貫性に身を捧げる」ことになるわけだが、そうなるのは、その「人間が愚かだからとか悪人だからとかいうためではなく、全般的崩壊の混沌のなかにあっては虚構の世界へのこの逃避は、ともかく彼らに最低限の自尊と人間としての尊厳を保証してくれると思えるからなのである。」（Ⅲ、八二）

大衆は通常、いかなる政治的組織にも属さないが、何らかの組織から「人間としての尊厳」を保証されると、「普通の政党の党員の忠誠心とは明白に異質な、自分の生命を犠牲に捧げることさえ厭わないあのファナティックな献身が可能」（Ⅲ、七四）になる場合が出てくる。このような事態は、「学校」から全く相手にされていないと信じる若者が、何らかの学外グループとか、ある種の「宗教」の中に「生きがい」を見いだしていく心的メカニズムと類似的な面をもっている。

アーレントは、「かつて何らかのイデオロギーを信奉した人々を正常な思考形式と正常な政治行動に引きもどすことがどんなにむずかしいかは充分知られている。」（Ⅲ、一八九）と書いているが、特定の世界観・イデオロギーにからめ取られた人々に接した経験のある人は、このアーレントの指摘に深く同感することであろう。

全体的支配

『全体主義の起源』は、まさしく「全体主義」の「起源」や「要素」を論じているが、アーレントによれば、ヒトラー政権の確立やスターリン体制の成立がすなわち「全体的支配」の確立なのではない。

ロシアに関して言えば、一九二四年のレーニンの死後に「指導者」となったスターリンは、反革命的反対派や党内反対派を抑えて、二九年には独裁的な権力を握る。アーレントによれば、反対派が一掃されていた一九三〇年以後になって、「ロシアにおける真の恐怖政治」は始まった。（Ⅲ、一五〇）それは、「農民たちの反対などもはや全然存在しない時点だった」（Ⅲ、一五一）という。

ナチスに関しても同様である。ヒトラーの政権掌握は一九三三年だった。だが、強制収容所システムの異常な拡張が始まったのは、その三三年ではなく、「ゲシュタポの報告すらも国内が完全に平定されたと言っている一九三七年」（Ⅲ、一五〇）になってからだった。強制収容所は戦時中の絶滅収容所に通じていくが、絶滅収容所の中で体制の反対者が死ぬことはまずなかった。そうした反対派はもはやほとんどいなかったからだが、いたとしても即座に殺害されたから、収容所に入れられることすら自体がなかった、というわけである。

「全体的支配」の確立という点からすれば、このように、スターリン主義とナチスは驚くほど共通している。

全体主義権力者もその独裁の初期の段階においてはすべての独裁者と同様にふるまうことし

かできないからである。彼はまず政治的反対者をテロルによって殲滅しなければならない。この初期段階は本質的に、本来の意味で〈全体主義的〉ではない。このときにはまだ警察や精鋭組織が、現実に存在する体制の敵にテロルを加えているのだから。全体主義特有のテロルと真の秘密警察支配は、このような反対派がもはや存在しなくなったときにやっと始まる。（Ⅲ、一九六）

というアーレントの文章は、ナチスに関するものでもあり、スターリン主義に関するものでもある。アーレントは、これまでの歴史が経験した全体主義的な支配機構は、「一九三八年以降の国民社会主義の独裁」つまりナチズムと、「一九三〇年以後のボルシェヴィズムの独裁」すなわちスターリン主義の二つだけだと書いている[10]。

そして、この二つの「全体的支配」は、一党独裁から発展してきたものではあるが、他のさまざまの独裁的・圧制的・専制的な暴力とは本質的に異なる。「全体主義運動がその権力の掌握の後に始める革命は本質的にもっと徹底した性格のものである。」（Ⅲ、一九三）

何が起こったか
――ソ連の場合

ロシアでは、一九一七年の革命の後、革命派と反革命派との間に内戦があった。革命によって土地を与えられた農民たちの多くは、反革命派の勝利によって再び土地が奪われることを恐れ、革命派＝ボルシェヴィキを支持した。

しかし、スターリンが権力を握ると、「少数民族の清算とソヴェートの破壊」が行われ、続いて、地方および都市の有産階級が狙われた。一九二八年になると、農業の集団化とクラークと呼ばれた富農階級の撲滅へと、事態は進んだ。

農民階級の清算は戦争よりも革命よりも内戦よりも血腥《ちなまぐさ》いものとなり、まことにロシア史の最も凄惨な章をなすことになった。いわゆるクラークの財産没収（しかもクラークは二〇年代末にはロシア農民の多数を占めていた）と農業集団化は、人為的につくられた食糧危機と大量追放との助けをかりて遂行された。このため、たった一年の間にウクライナだけでも、追放された人の数を含めないでもなんと八百万の人間の生命が失われたのである。三〇年代のはじめには農民階級と中産階級は「死滅」し、死者にも追放者にもならずに済んだ者は、国家権力に対抗し得るいかなる集団的連帯もいかなる手段も存在しないことを学んだのだった。自分の家族の生命も自分自身の運命も、市民としての仲間たちとは何らの関係も持たず、一人一人が絶対的な孤立無援の状態に置かれ、いかなるときにも権力の意のままに扱われ得る存在となったのである」（Ⅲ、二八～二九）

いささか長い引用だが、農業集団化の強権的推進に関わるこの引用からいくつかのことがわかる。まず第一に、一九二〇年代末から三〇年代初頭にかけて、（実際にはそれ以降も）膨大な数の人間が殺害されたということである。

第二に、「死滅」しなかった者たちが、仲間たちとの関わりを絶たれ、「絶対的な孤立無援の状態」に置かれたということである。ここに、「テロルによって孤立分断された個人から成る大衆社会の創出」（Ⅲ、三二）がなされたわけである。

『起源』第三部の内容を概観した最初に、全体主義成立の条件の一つとして、「大衆社会」の成立ということをみた。そして、一九二〇年代のドイツなら「大衆社会」が成立していたということは理解できるにしても、二〇年代末から三〇年代のソ連に、「大衆社会」など存在したのかという疑問を記したが、これが解明されたことになる。しかし、何という「大衆社会」であろう。

第三に、ここに成立した「大衆社会」は、「誰が党の手先か分からない」という完璧なる「密告社会」でもあった。

第四に、ここには、「階級の死滅」という考え方の、スターリン主義に独特な解釈がある。マルクス主義国家論の「古典」であるエンゲルスの『家族、私有財産および国家の起源』には、確かに「階級の消滅」という発想がみられるし、『空想から科学への社会主義の発展』には、「国家は〈廃止される〉のではない。それは死滅するのである[11]」という言葉もみられる。

この言葉を普通に理解すれば、エンゲルスのニュアンスでは、「死滅」は自動詞としてイメージされている。しかし、スターリンによる中産階級などの「死滅」は、ほとんど殺害と同義語であり、「死滅させる」になっている。それ自体が全体主義的であったわけではないマルクス主義思想は、こうして全体主義のイデオロギーに転化したわけだ。

このようにしてスターリンによって「死滅」させられたのは、中産階級や農民階級だけではない。

粛清・抹消

いかなる役所も工場も、経済的あるいは文化的性質のおよそいかなる機関も、国家、軍、あるいは党のいかなる機構も、「粛清」の行なわれなかったところは一つとしてなかったのである。「党の全官僚機構も他のあらゆる機関と同様にほぼ半数の人が追い出され」、全党員の五〇パーセントと、少なくとも八百万人の非党員が粛清された――ということはすなわち、強制収容所送りとなるか、直ちに銃殺されるかしたことである。（Ⅲ、三二）

ということになる。ナチス・ドイツ支配下においてはどうか。

〈純血ユダヤ人〉が抹消され、半ユダヤ人と四分の一ユダヤ人がそれにつづくことになった。あるいはまた、まず精神病者が抹消され、不治の病者が、次いで〈不治の病者〉を出したすべての家族がそれにつづくことになっていた。（Ⅲ、一四五）

こうして、「六百万人」のユダヤ人が殺害された。

だが、「常識的」に考えると、この殺害者の数は想像を絶する。アーレントは、「全体主義体制にとって問題であるのは、人々を支配するデスポティック〔専制的〕な体制を打建てることではなく、人間を全く無用にするようなシステムを作ることなのだ」（Ⅲ、二六一）と書いているが、「人間を全く無用にするようなシステム」がどうしてできてしまうのか。

党員とシンパサイザー

アーレントは、全体主義運動の「本質的に新しい独創的な組織方法」（Ⅲ、一〇〇）が、党員（ナチスあるいは共産党）とシンパサイザー（同調者）の間の区別にあるという。

具体的な例を挙げれば、「ヒットラー・ユーゲントの七百万のメンバーのうち一九三七年に党員に採用されたのはわずか五万人」（Ⅲ、一〇三）だというような具合であり、各国共産党の場合でも、「ソ連の友」とか「赤色救援会」などといったシンパ組織が作られた。さらに、ナチの場合もボルシェヴィキの場合も、一般党員とは別の「精鋭組織」が作られた。

ただこれだけの説明では、全体主義運動の一端でも垣間みたことのない人には、なぜこの程度のことが「独創的な組織方法」なのか、理解困難かもしれない。しかし、ナチス支配下のドイツあるいはスターリン体制下のソ連にわが身を置いたと仮定してみよう。この「精鋭組織」が殺人集団だとすれば、全体主義「運動の一員である方が運動の敵であるより安全」だと、党員はもとよりシンパたちも感じないであろうか。精鋭組織が殺人集団だとすれば、という仮定は実は仮定ではなく現実であった。そこで、シンパまでもが「共犯者となる結果を甘受することより運動を脱退することのほうが怖ろしい」（Ⅲ、一一六）と思い込む。こう考えると、全体主義運動が圧倒的な力を揮《ふる》うようになるメカニズムが理解できよう。

人事の掌握

それだけではない。「ヒットラーとスターリンがともにあらゆる敵や競争相手や同輩に勝る優れた理解力を示したのは、往々にして奸策に満ちた複雑さを示してはいるが決して単なる権謀術数だけに終わることのない、細心をきわめた人事政策だった。二人とも初期の時代をほぼ専らこのような人事問題に捧げてきたため、数年を経ずして運動のほとんどすべての幹部は直接に彼らのお蔭で地位を得た者ばかりになってしまった。」（Ⅲ、一一六〜一一七）

こうなれば、粛清は定期的に行われることが必要となるだろう。

自己の地位が他人の粛清の上に成り立つ人々ばかりになった世界である。ここでアーレントは、全体主義の支配の中で一定の地位を得ることになってしまった人々の心理の内面に立ち入った分析を行っている。

制度にまで高められた屈辱感という心理的要因――権力政治にとってはこれは些細なことではない――と、さらにこの屈辱感から生ずる官吏・職員すべての士気沮喪が加わった。ナチ政権はユダヤ人の解雇とそれによって非ユダヤ人に昇進の可能性を与えたことによって最初からこれに成功した。すべての官吏、すべての職員は、それなしにはもはや生きることのできない利益を自分は政府の不法な行為から得ているのだと意識させられ、その結果彼は、感受性が強ければ強いほど、味わわされた屈辱感が痛切であればあるほど熱心に体制を支持するだろう。（Ⅲ、一二九）

ということになる。だから、党官僚たちは、〈指導者〉がいなければ「すべてはたちまち瓦解するという、決して根拠のなくはない確信を心から抱いているのである。」（Ⅲ、一一八）こうして、その組織のメンバーはことごとく、その全体主義の「運動を離れてはもはや自分の人生はないと考えさせるまでに」（Ⅲ、一三〇）なる。

このようなメカニズムが作動し始めると、もはや手が付けられないといえよう。

党に入って「恵まれた」立場に就くものは別として、そうでない人々はどうなるのか。

脅迫の政治と大衆の支持

全体主義プロパガンダの特徴を示しているのは、教義を受容れようとしない者、あるいは何らかの理由から教化の対象から除外されている者すべてに対する、婉曲で間接的な脅迫である。（Ⅲ、六九）

こうしたことの結果として、ほとんどの者は「教義」を受けいれるのである。「全体的支配」は、大衆運動として行われるテロルに威嚇された一段と広範な大衆の支持がなければ成り立たない。「大衆の信頼なしにはヒットラーもスターリンも指導者として留まれなかっただろう」（Ⅲ、二）「全体主義政権のこの擬似民主主義的な側面は往々にして過小評価されている」（Ⅲ、三（注3））が、全体主義政権は、「その隠れもない犯罪性にもかかわらず大衆の支持によって成立っていたという事実」（Ⅲ、緒言iii（注1））は否定できない。

その証拠としては、例えば「いわゆる秘密――ポーランドにおけるユダヤ人大量殺戮、ロシア攻撃の準備等々――について住民は驚くほどよく情報を得ていた」（同前）ことが挙げられる。つまり、「全体主義に対する大衆の支持は無知からくるのでも洗脳からくるのでもないことは、全く明白である。」（Ⅲ、緒言v（注1））

このように、大衆に対する「脅迫」が全体主義を支えている。したがって、この「脅迫」が存在しなくなれば、多くの人々は自分が「脅迫」されていたこと自体を忘れようとする。したがって、ドイツ国民には、確信的なナチはほとんどいないことになる。このことについてアーレントは、

ナチ・ドイツの降伏後、連合国側はドイツ住民の中から一人でも確信的なナチを探そうと無駄骨を折ったが、このことはドイツ民族の八〇パーセントまでがかつて一度はナチの心からの信奉者もしくは共感者だったことがあるという事実と矛盾はしない。（Ⅲ、九九）

と書いている。この点は、いくつかの点と関連している。第一に、この点から、全体主義がタマネギのような「構造」をしているというアーレントの把握が出てくることになる。本物の全体主義者

を探し回っても、出てこない。その芯があるかと思うと、どこまで探っても何も出てこないのである。このことはまた、『イェルサレムのアイヒマン』で論じられることになるアイヒマンの場合と密接に関連することになるが、その点はのちに論じよう。第二に、この点は、日本の場合ともかなり共通している。つまり、敗戦までは天皇制イデオロギーに浸っていたほとんどの国民が、戦後はそんなことはなかったかのように振る舞っているのである。(12)

「忘却の穴」

『起源』は「何が起ったか?」を書こうとしたのではあろう。しかし、実は何が起こったかについては、余り記述がないことにはすでに触れた。ことにナチの所業については、『起源』の中には具体的には余り書かれていない。アーレントは、「要するにわれわれは、ナチ・ドイツについてはあれほどよく知っているのに、ロシア体制の組織的な構造については全く何も知り得ないのである。」(Ⅲ、緒言ⅵ)と書いている。つまり、ナチ・ドイツに関しては、何が起こったかについては、ある程度まで自明だったわけである。

しかし、ナチスの場合に、「自明」だとはいっても、わからないこともある。資料の不足といった問題でなく、基本的に不明だということが生じる。その事態をアーレントは「忘却の穴」(Ⅲ、二二四)と呼んだ。

収容所内で消滅した人間がいたとして、もしその遺族も、その遺族たちを知る人もすべて抹殺されたらどうなるか。「捕えられた者が死んだもののように生者の世界から消え失せるというだけではなく、嘗《かつ》てこの世に存在したことがなかったかのように消え失せ」たらどうなるか。また、そうした事態に、人々が慣れてしまったらどうなるか。「一人の人間が嘗てこの世に生きていたことがなかったかのように生者の世界から抹殺されたとき、はじめて彼は本当に殺されたのである。」（Ⅲ、二二四〜二二五）

こうした事態を、アーレントは「犠牲者の匿名性」（Ⅲ、二二五）と呼んだ。抹殺された者は、「忘却の穴」に落ち込んだのである。その人を、もはや誰も想起できない。こうした事態が広がれば、「何が起ったか？」といっても、何もわかりはしない。「忘却の体制」（Ⅲ、二五三）である。

常識を超えたもの

アーレントは、全体主義が「新しい現象」であって、非全体主義世界の常識では全く理解できないものであったことを繰り返し強調している。

軍事面で考えると、例えば対フィンランド戦争（一九三九〜四〇年）でのロシアの「苦戦」に至らせることにつながるソ連の「赤軍参謀本部の粛清」（Ⅲ、一七六）にしても、独ソ戦開始後、ソ連に対する勝利よりもユダヤ人殺害を優先させるかのようなドイツ軍の動向にしても、合目的性という点からは理解しがたい。

また、全体主義のスローガンの遂行にしても、常識では考えられない。ナチスは、「世界征服」とか「異種民族」の放逐とか「発生学的に劣等な人種の淘汰」を目指すと公言していた。ロシア・ボルシェヴィズムは「世界革命」をおおっぴらに宣言していた。「これらの目標が一般に『秘密』のように考えられるに到った唯一の原因は、全体主義の指導者がそれを真面目に考えているとは外部世界が信じようとしなかったことなのである。彼らが考えを公然と述べると、かえって外部の人々はそれをデマゴギーだと思ってしまう。」（Ⅲ、二二五（注73））「発生学的に劣等な人種の淘汰」とはユダヤ人などの抹殺を意味していた。しかし、外部世界では、「淘汰」といってもよもや「抹殺」と同じではあるまいと考えていた。それが「常識」というものであろう[13]。

しかし、全体主義の支配下では、この抹殺が徹底的に行われる。ドイツの軍人（の一部）さえ驚くほどだった。アーレントが書いた事態、つまり、

何百万のユダヤ人とポーランド人の移送は、「軍事的および経済的必要」をまるで無視したものだと訴える絶望的な調子の軍人の覚え書が、いくつものファイルを満している。（Ⅲ、七五）

という事態が生じたのももっともである。合目的性は排除され、「常識」が全く通用しなくなった世界が出現した。

テロル

このように見てくると、アーレントによる「全体的支配」の規定、つまり、「全体的支配の諸制度」は、暴制・専制・独裁制よりも徹底的であるだけでなく、それらとは原

理的に異なっているのであり、「全体的支配はこれまで一度も存在しなかった一つの新しい国家形式である」という規定が、理解できるであろう。また、「テロルは全体的支配の本質そのものである」(Ⅲ、六八)とか、「テロルというものは全体主義の支配の固有の本質として定義することができる」(Ⅲ、二七七)といった規定も、理解できるであろう。

全体的支配は新しい国家形式であるから、「第三帝国のガス室とソ連の強制収容所は西洋の歴史の連続性を断ち切った」(Ⅲ、二七〇)ともいえる。

「全体主義の支配の本質はテロルであるが、しかしこのテロルは(専制におけるように)恣意的に、一個人の権力渇望の命ずるままにおこなわれるのではなく、人間とは無関係な過程とその過程の自然法則もしくは歴史法則に応じておこなわれるのである。」(Ⅲ、二七七～二七八)

つまり、ナチスの人種イデオロギーの場合のように、「自然」は「劣等人種」および「生きる資格のない個人」に判決を下しているのだと本気で考えると、つまりそれが「自然法則」なのだとなると、この寄生者たちをナンキンムシやシラミと同様に毒ガスで退治してよい、という結論になる。また、スターリン主義イデオロギーつまり「弁証法的唯物論」の場合のように、「歴史」は「死滅する階級」および「衰頽した民族」に判決を下していると本気で考えると、つまりそれが「歴史法則」なのだとなると、その集団に属する者どもは「殲滅」さるべきだという結論になる。

このようにして、「常識」では到底考えられない大量殺人が行われた。「根本悪(Das radikale

アウシュヴィッツ強制収容所（撮影・熊田亘氏）　アウシュヴィッツ（現在はポーランドのオシヴェンチム）にあったナチスの収容所。鉄条網で囲われた囚人棟。この囚人棟は兵舎を転用したもの。1987年の撮影。

Böse)[14]」とでもいうべきものである。

強制収容所

強制収容所というものが存在すること、罪のない人々が捕えられていること、人々が跡形なく消え失せることは誰もが知っていた。しかしそれと同時に、この公然の秘密について語ること、いやそれどころか、そのことについて問合わせること以上に危険なこと、厳禁されていることはないということも皆は知っていたのである。人間というものは物事を知り経験するためには、彼の知ったこと経験したことを理解し確認することのできる他の人々を必要とするのだから、各人が何らかの形で知っているが声に出して言うことができない事柄は、一切の具体的現実性を失って、すべての領域とすべての人間活動をひとしなみに支配して人を悩ませる漠然たる不確かさ及び不安という形でしか存在し得ない。（Ⅲ、二二六）

アーレントは、およそ「経験」が成り立つためには、人間相互の意見交換が必要不可欠だと考える。だが、強制収容所に関しては、意見交換ができない構造になっていた。だから、「到底信じられぬかもしれないが、これらの収容所は全体的権力機構・組織機構の中核的機関」（Ⅲ、二三二）であり、収容所こそ、全体主義体制の権力維持に絶大なる効果を発揮するものなのだというアーレントの把握が成立する。

アーレントは、『起源』第二部「帝国主義」において、第一次世界大戦後の世界に膨大な無国籍者が生じたことを描いた。それは、まさしく強制収容所の前提になったということになろう。

ヨーロッパのまんなかでこのようないまだかつてない事態〔つまり強制収容所〕を発生せしめた動因となり、それ以上に重要なことには、このような事態に対する暗黙の同意を生ぜしめたものは、政治の形式が解体していく時代のなかで最初数十万の、やがては数百万の人々から故郷と国籍と権利とを奪い、彼らを経済的な余計者に、社会的な邪魔者にしてしまったさまざまの事件だった。（Ⅲ、二四五）

というのである。『起源』の第三部「全体主義」は、このように第二部「帝国主義」における無国籍者や難民の把握と密接に連続している。

『人間の条件』との関連

全体的支配がこのようなものであるとすれば、それに対抗し得る道はあるのだろうか。

「政治とはその本質からして公的生活の問題なのである」（Ⅲ、一二七）から、「公的なもの」が保持されることが重要である。

「官職や職務を与えられている人々の横の繋がりが阻止されることは依然として決定的なことである。」（Ⅲ、一七二）なぜなら、横の繋がりが阻止されることは、「公的なもの」の阻止と同義だからである。言い換えると、全体主義社会では、「処士横議」があってはならないのである。

この「横の繋がり」こそが、人間の人間たるところでもあり、それゆえに、人間の尊厳にも関わるところである。これはつまりは、真の意味におけるコミュニケーションであるし、さらにはアーレントが最も重視した人間的関係としての「友情」に連なる。

われわれが一般に人間の尊厳と呼ぶもののすべての痕跡を消し去ることが全体主義にとって必要なのは、主としてこの超意味のため、完全な首尾一貫性のためなのだ。なぜなら、人間の尊厳というものは、われわれが他の人々を、また他の国民を主体として、それぞれに世界の建設者として、そして一つの共同の世界を建設する仲間として認めることを意味するからである。

（Ⅲ、二六五）

「共同の世界」「複数性の世界」はまた、「コモンセンス」（Ⅲ、三二〇）と「友情」（Ⅲ、三二一）の世界でもあり、これらは、アーレントの次の著作『人間の条件』のテーマと重なっていく。

どこにでもあり得る全体主義的傾向　アーレントの『起源』は、繰り返し述べたようにナチズム支配下とスターリン主義支配下で、何が、なぜ、どのように起こったかを解明しようとしたものではある。しかし、それは、ただナチズムとスターリン主義に対する断罪にとどまるものではない。というのは、全体主義的傾向は、どこでも生じ得るからである。

人間を無用なものにするために全体主義の発明したさまざまの制度の恐るべき危険は、急速に人口が増加し、同時にまた土地を失い故国を失った人々も着実に殖えて行くこの時代においては、いたるところでいつも無数の人間が、功利主義的に考える限り実際に〈無用〉になりつつあるということにある。（Ⅲ、二六六～二六七）

全体主義的傾向は、「真の意味の大衆社会」ならどこにでも生ずる。「今日の世界では全体主義的傾向は単に全体主義統治下の国だけではなく到るところに見出される」（Ⅲ、二六七）というわけである。

それは人々の感覚にも対応している。「強制収容所という実験室のなかで人間の無用化の実験をしようとした全体的支配の試みにきわめて精確に対応するのは、人口過密な世界のなか、そしてこの世界そのものの無意味性のなかで現代の大衆が味わう自己の無用性である。」（Ⅲ、二六二）

二十世紀前半の世界を最も深く特色づける「全体主義」の下で、何が起こったのか、なぜ起こったのか、どのようにして起こり得たのかは、以上のように説明された。しかし、この説明は、「真の意味の大衆社会」のありようにも重なるものであって、二十世紀前半にとどまらず、広く二十世紀全体に関わる射程を持つことになったといえよう。（例えば二十世紀後半の、一九九〇年前後に至る時代のソ連や東欧を考えてみればよい。[15]）

アーレント自身もまた、ナチスドイツとスターリン体制を主として解明しながら、そこにさまざまな含みを持たせ、全体主義が「現代」を大きく規定するものであることをも論じた。『全体主義の起源』は、ほぼ以上のような内容を持つものであった。

五　第三部の成立をめぐって
——亡命者たちとの討論のなかから

ハンナ＝アーレントの思想を主題とした日本語の代表的な著作には、千葉眞氏の『アーレントと現代　自由の政治とその展望』（一九九六年、岩波書店）、川崎修氏の『アレント　公共性の復権』（一九九八年、講談社）があり、いずれも優れた著作である。どちらも、その副題からもうかがえるように、その専門とされる政治学分野を軸に論じられているといえる。

そこで「人と思想」シリーズの一冊である本書では、以下に少し別の視点から、『全体主義の起源』第三部「全体主義」の成立の人的背景に関することについて論ずることにする。というのも、この「全体主義」の部分こそ、無名とも言えたアーレントをまさに世界的に著名な人物に押し上げた核心であり、前人未踏に近い著述領域であり、一九三三年以来の無国籍ユダヤ人難民アーレントの徹底した自己認識であり、全体主義に殺害された人びとに捧げられたものであり、それ以降に全体主義的状況に置かれた人びとに、その位置の自己確認に手がかりを提供するものだからである。そしてその成立には、多くの人々とのコミュニケーションが実に大きな役割を演じたように思われるからである。

『全体主義の起源』の構成の不自然さ

『起源』の構成は、不自然だといえば不自然ではある。その不自然さは、第一部・第二部と第三部との間にある。まず、「第一部　反ユダヤ主義」は、ドレフュス事件の記述にみられるように、ドイツだけを対象としたものでないことは確かだとしても、反ユダヤ主義が全体主義の起源あるいは要素であるというのは、ナチズムに関連して説明されているところである。また、「第二部　帝国主義」にも、汎スラヴ主義の部分を除けば、ロシアの話はほとんど出てこない。そのため、「第三部　全体主義」になってスターリン主義のことがナチズムと同じ比重で登場すると、そのスターリン主義の部分と第一部・第二部の関連はどうなっているのかという疑問が生ずるのは当然ともいえる。

アーレントは、アメリカに移住して以降、『起源』執筆までの間に、『起源』第一部や第二部において論じられることになる諸問題についての論文を少なからず発表していた。だが、第三部、ことにソ連に関しては、特にこれといって発表したものはないようである。アーレントは、既発表の論文も踏まえながら第一部・第二部を書き、そのあとでロシアの全体主義に関する記述を含む第三部を書き始めた。となると、ロシアの全体主義の「起源」についての記述が十分にできないのは当然かもしれない。しかし、ロシア全体主義の「起源」には十分の論究はできないにせよ、それは余りにもナチスに似ている。どうしてロシアについて記述しないで済まされよう。――そのような判断がアーレントとハインリヒ゠ブリュッヒャーに働いていたと考えられる。

ヤング゠ブルーエルは、アーレントが『起源』第三部にロシアのことを含めるに至った理由として、ソ連の収容所関係の記録をいろいろ読んだことを挙げている。確かにこれは不可欠の条件ではあろう。その代表的なものは、『起源』に繰り返し引用されている『月の暗い側（*The Dark Side of the Moon*）』であろう。しかし、数多くの記録を読んだからといって、それがただちに理論構成を可能にするわけではないし、収容された側の状況とともに、収容する側の発想・対応・処置などの把握、さらにはこの後者の史料の性格の検討も必要であろう。

『起源』第三部のロシアに関する記述という点で、ブリュッヒャーなどとの討論はきわめて重要だったと、私は考える。以下、この討論に関して論じよう。

ブリュッヒャーとの討論

ヤング゠ブルーエルは、アーレントが『全体主義の起源』を執筆していた一九四五年から四九年にかけてのほとんどの期間、ブリュッヒャーが職に就いていなかった（それはハンナの母には不満の種だったらしい）ことに言及し、彼の協力の重要性を説明している。『起源』が彼への献辞を含んでいるのは当然であった。

ブリュッヒャー夫妻の討論といえば、次のようなエピソードがある。

一九五〇年七月、アーレントとブリュッヒャーは、ほぼ完成していた『起源』の原稿を携え、夏休みをとってコッド岬に出かけた。アーレントは、ヤスパース宛の手紙（五〇年七月十一日付）で、コッ

ハンナ＝アーレントとハインリヒ＝ブリュッヒャー

ド岬に同伴したアルフレッド＝ケイジンを紹介している。ケイジンは、「ロシア・ユダヤ人の系列の若い文学史家で、極めて才気あふれる人」で、この本の英語について多大な助力をしてくれたばかりか、今は校正でも助けてくれている、と。

そのケイジンは、彼の『ニューヨークのユダヤ人たち』（一九七八年）で、ブリュッヒャー夫妻の討論を回想している。それによれば、

二人は共通の哲学を考え出すことに異常なまでの熱意を傾けていた。二人と会話していると、とつぜん、その瞬間まで思いもよらなかったある哲学的な発見のため、二人があたりもはばからずドイツ語で夫婦だけの熱っぽい喜びようを示すことがある。パイプをくわえた口をかたく結び、ハインリッヒは〔中略〕うなるようにその思想を述べる。ハンナも、〔中略〕真実をもって相手に対し、友情を持って相手に

対し、その態度は、およそ生活をともにしている男と女のあいだでこれ以上熱のこもった議論はありえないと思われるくらいの、夫との話し合いにおいても変わることがなかった。[16]

この場面がいつのことか、どのようなテーマをめぐることかは不明ながら、おそらくは『起源』執筆時期のものだったと推察される。また、ドイツ共産党からの離脱者というブリュッヒャーの経歴から考えて、『起源』第三部のロシアをめぐる部分について、とりわけ熱のこもった議論がなされたと推定して誤りはないだろう。

クリヴィツキーとスヴァーリン　話は当然ハインリヒの過去にもさかのぼったであろう。ソ連の秘密警察で働き、一九三七年にパリで亡命し、ワシントンのホテルで不可解な死をとげたクリヴィツキー（一八九九〜一九四一。西ウクライナ生まれ）が残した記録がある。この記録『スターリンの秘密機関に勤務して』（日本語訳は『スターリン時代』）は、一九三九年にロンドンで刊行され、アーレントはこの本を『起源』第三部の中で一次史料として扱っている。この記録の中で、クリヴィツキーは、ブリュッヒャーの友人だったドイツ共産党の指導者ブランドラーに簡略ながら言及している。[17]それによれば、一九二三年秋にドイツ共産党は、モスクワに拠を置いた共産主義インターナショナル（コミンテルン）の「指導」のもとに、ドイツにおける社会主義革命を展望していた。「九月に、党指導者ブランドラーとそのいく人かの同僚が司令を仰ぎにモスクワに呼ばれた。ロシア共産党の最高機関である政治局で、討議がはてしなくおこなわれていた。」しかし、コミンテルンからの指示には一貫性がなく、蜂起の用意をするごとに「延期」指令が来ることが繰り返され、結局、革命は「見苦しく終わった。」

クリヴィツキーによれば、「ドイツにいたわれわれの誰もが、モスクワにある本部がこの大へまに責任があるのを知っていた。もくろまれた革命の全戦略は、コミンテルンのボリシェヴィキ指導者によって、立案されたのだった。このことは、身代わりをみつけだすことを必要とした。」その「身代わり」として責任を負わされたのが、ブランドラーだったということになろう。ドイッチャー（一九〇七～六七）も、ほぼ同様のことを述べ、このときのコミンテルンのドイツ「政策」が「支離滅裂な一連の措置[18]」だったと指摘している。

ブリュッヒャーは、こうした経緯の一端を垣間見ていたに相違ない。ブリュッヒャーとブランドラーのつき合いは、一九二〇年代後半まで続いたとのことであるから、ブリュッヒャーがブランドラーのモスクワ経験について何も聞かなかったと考えることは難しい。

『起源』第三部には、ソ連の全体主義の内部を知悉しつつ、そこから離脱したクリヴィツキー『スターリンの秘密機関に勤務して』(『スターリン時代』)からの引用もあるが、ボリス＝スヴァーリン『スターリン』（一九三九年刊[19]）とドイッチャー『スターリン』（一九四九年刊）の二冊をアーレントは繰り返し引用し、彼女の論を補強している。

スヴァーリン（一八九五〜一九八四）はキエフ生まれで、一九二一年にコミンテルンのフランス共産党代表となった。しかし、二四年にコミンテルンを追放され、以降、スターリン主義に関する著作・論文を書いた。クリヴィツキーは、スヴァーリンもコミンテルンの政策の失敗の責めを負わされたという点で、ブランドラーと類似の運命をたどったと述べている。他方、ドイッチャーは、ポーランド生まれのユダヤ人で、一九二六年にポーランド共産党に入党。三二年に反スターリン主義的活動のゆえに共産党を除名され、一九三九年にイギリスに移住した。スヴァーリンもドイッチャーも、その共産党離脱経験を幅広い視野から冷静に見つめつつ、筆の力でスターリン主義に対抗しようとした。

アーレントは、スヴァーリンのスターリン伝は「ほとんどすべての点で適切」であるが、その理由の一つは、この著作が「著名な離脱者やその他の目撃証人たちの説明」に支えられているからだと説明している。「偽書」とさえ見なされた[20]クリヴィツキーの本に着目したことは、アーレントの本の読み方の確かさを語るものではあろうが、これらの本の信憑性について、共産党時代を経験したブリュッヒャーの判断も作用したに違いない。また、スヴァーリンの本は、すでにソ連を「全体主義」として批判していた点[21]で、アーレントの全体主義論の着想の先駆ともいえよう。

モスクワ裁判

話はさかのぼるが、一九三六年八月、ソ連ではレーニンの盟友だったジノヴィエフやカーメネフらに対する「公開裁判」＝モスクワ裁判が行われ、この二人は死刑判決を受け、直ちに処刑された。このスターリンの「公開裁判」は、共産主義に共感を寄せる亡命者たちの間では、とりわけ激しい論争を引き起こしたものだった。アーレントとブリュッヒャーもこの「裁判」を見つめ、「否定的な立場」をとった。そして、これが、共産主義イデオロギーからのブリュッヒャーの離脱を決定的なものにした。

モスクワ裁判というのは、ある意味では信じがたい裁判だった。なぜなら、レーニンの盟友だったジノヴィエフやカーメネフが自分の「誤り」を公然と認める場となったからである。このため、ソ連で進行していた「粛清」は、スターリンの独裁の結果として生じているのではなく、「粛清」される側の「自白」と「承認」に基づいているということの「証明」になったからである。

「政治的に思考し、歴史的に観察すること」を学びつつあったアーレントと、教条的マルクス主義に批判を強めていたブリュッヒャーとの間では、このモスクワ裁判をめぐって、三六年当時に徹底的な討論がなされたはずである。

ブリュッヒャー夫妻は、クリヴィツキー『スターリン時代』がモスクワ裁判を論じた「第六章なぜ、かれらは自白したか？」に即しつつ、年月を経過した裁判について再度討論し、クリヴィツキーの本の信頼度を確認したものであろうし、こうした討論こそが、『全体主義の起源』第三部におけるモスクワ裁判への言及の前提になっていたに相違ない。

また、『起源』第三部には、スターリン主義にとらわれた人間の鮮やかな心理的分析がある。その鮮やかさも、アーレントとブリュッヒャーが、生々しい諸記録[22]を吟味しつつ、徹底的に討論するなかから生まれてきた面があるのだろう。

ニューヨークの目撃証人たち

先に触れたケイジン『ニューヨークのユダヤ人たち』に、次のような回想がある。[23]
一九四三年のニューヨーク。ケイジンの近くに住んでいた人々として名前が挙がっているのは、オーデン、マルク゠シャガール、ブレヒト、シモーヌ゠ヴェイユなど、綺羅星のごとくである。そして、ハンナ゠アーレントとブリュッヒャーの夫妻は、「ペタンのフランスとフランコのスペインから脱出して、ようやく西九五丁目にたどりついたところだった。」ケイジンは、音楽家たちやジャーナリストに触れたあと、ニューヨークのことを、「わが『世界都市』がこれほど才能と頭脳で、隠れた宝で、あふれたことはなかった」と書き、その少し後でケイジンが「しじゅう会っていた」元共産主義者として、アーサー゠ケストラー、スティーヴン゠スペンダー、W・H・オーデンなどの名前を連ねている。[24]
アーレントが『全体主義の起源』を執筆していた時期には、社会主義に親近感を持っていたケイジンと懇意にしていたのであるから、両者の間で、あるいはブリュッヒャーを交えて、数多くの共産党離脱者たちの多様な経験が話題になったのは当然のことだったと思われるし、それなしには『起源』第三部の記述が、かくも迫真のものとなったとは思われない。

アーレントとケストラーが四〇年代に面識があったかどうかは、私にはわからないが、少なくともケストラーのフランスの収容所体験の報告は、『起源』に利用されている。（Ⅲ、二五一）[25]『創造的要素』（筑摩叢書）などで日本でも知られていたスペンダーについては、ヤスパースがアーレントに送った手紙に、ヤスパースが一九四六年九月にジュネーヴで開催された反ファシズムの立場をとる知識人の国際的な会議に出て、そこでスペンダーと知り合ったと書き、その人物を賞賛しているから、アーレントに印象深い名前となっていたことは確実である。アーレントとスペンダーの出会いがいつなのかは私には確認できないが、少なくとも、一九七〇年代まで二人の間に親交があったことは、『アーレント＝マッカーシー往復書簡』などに明らかである。

ケストラーとスペンダーには共産党に入党した経歴があった。W・H・オーデンにはその経歴こそなかったと思われるが、オーデンとスペンダーは、T・S・エリオットの『荒地』の影響のもとに詩作を始めた間柄であり、オクスフォード大学の学生時代からの仲間であり、スペイン戦争にも参加した「同輩」であった。[26]アーレントは、アメリカに帰化していたオーデンと、すでに四〇年代から交際があった。

アーレントの著作に登場する亡命者たち

いささか次元が異なるが、『全体主義の起源』には、ニューヨークで出た一九四五年のある日のロシア語新聞の記事（スターリンが、ロシア民族はソ連の中の「指導的民族」だと語ったという記事）を注記している箇所がある。（Ⅱ、一六三）

他方、アーレントの『暗い時代の人々』にはワルデマール＝グリアン（一九〇三〜五四）に関するエッセイが収められている。グリアンは、セント・ペテルスブルクのユダヤ人家庭の出身、第一次世界大戦前に母と彼の妹とともにドイツに移住していて、マクス＝シェーラーとカール＝シュミットのもとで勉強した。三〇年代初頭にハンナ＝アーレントと知り合った。管見の限りでは、アーレントはグリアンの著作を『起源』の少なくとも三カ所で引用し、「十九世紀における反ユダヤ主義の論拠の明快な委曲をつくした歴史」（Ⅰ、六一）とか、ナチスのプロパガンダなどに関する「優れた概説」（Ⅲ、八七）と、その業績を極めて高く評している。その上、右記のグリアンに関するエッセイは、彼が「ボルシェビズムの卓越した専門家」だったとし、最後は次のように結ばれている。

かれはかれの本拠をこの世界のなかに築き、友情を通じてこの地上をかれ自身にもくつろげるところとしたのである。（暗い時代、三三〇）

「友情」をどんなにアーレントが重視したかに照らすと、この結びはグリアンへの最高の追悼の言葉、賛辞であった。そうした友情が続いたアーレントとグリアンであってみれば、二人の、あるいはこの二人を含む亡命者たちの討論のなかで、スターリンの「指導的民族」説などが話題になったであろうことは容易に想像できる。

一九四〇年代のニューヨークでこそ

私は、余りにも「状況証拠」に寄りかかった推測を連ねすぎたかもしれない。しかし、『起源』には、一方ではブリュッヒャーとの、他方では、「これほど才能と頭脳で、隠れた宝で、あふれたことはなかった」ニューヨークにいた人々との交流・討論の一部が反映していたに相違ないということを、私は言いたいのである。その討論に加わった人々の中には、「恐るべき斬新さを持った今世紀の極悪非道な行為」（暗い時代、三）から逃れて渡米した人々がいて、その人々の大方は貧しく、討論は尽きることなく行われたであろう。（すでに見た（四〇頁以下）ように、同種の討論は、一九三〇年代のフランス滞在時代にも行われていた。）

アーレントの『起源』は、このような雰囲気を背景に持っていて、まずはそれらの人々に読まれることを想定して書かれたものに相違ない。

一九三〇年代にベンヤミンは、パリを「十九世紀の首都」と呼んでいた。[27] そこは「あらゆる寄るべのない人々の第二の故国となっていた」のであり、「他のどの都市にもまして街路を通り過ぎていく人々によって活況をていしている都市でもある」からだ（暗い時代、二一〇以下）という。「二十世紀の首都」というものが存在するのかどうかはともかく、ここの「十九世紀の首都」パリの描写は、少なくとも一九四〇年代の「世界都市」ニューヨークのことを描いたものといっても違和感がない。
すなわち、アーレントの『起源』は、まさしくそのニューヨークにおいてはじめて誕生しえた記念碑と言うべきである。

『起源』の出版後

ハンナ＝アーレントの『全体主義の起源』は、ヤング＝ブルーエルによれば「熱狂的な評価の対象」となり、アーレントは一躍有名になった。一九五三年秋に彼女は、プリンストン大学で連続講義を行ったが、これも『起源』の評判のもたらしたものだった。

彼女はその後、一九五〇年代のアメリカ政治の状況に関わるさまざまの論文、例えば黒人に対する人種差別問題に関する「リトルロックについての省察」（一九五九年）を書き、また、政治状況を原理的に考察する諸論文、例えばのちに『過去と未来の間』（第一版＝一九六一年、拡大版＝一九六八年刊）に収録された諸論文、「権威とは何か」「自由とは何か」「教育の危機」などを書いた。しかし、それらについては、巻末の年譜にごく限定的ながら触れておくにとどめる。

次に、アーレントの『人間の条件』（一九五八年刊）を見ることにしよう。

（1）アーレントの『起源』の特色の一面は、例えばプリーモ＝レーヴィの『アウシュヴィッツは終わらない』

（原著、一九四七年。竹山博英訳、朝日新聞社、一九八〇年）と比較することで明瞭となる。イタリアのユダヤ人でアウシュヴィッツに収容されたレーヴィは、徹底して自分の経験だけを書こうとした。のちにこの本の執筆の頃を回想して、レーヴィは、収容所から解放されて、「帰国するやいなや、私は数カ月のうちに、この本を書き上げた」という。（訳書、二二九頁）アーレントの著作は、自分の「経験」だけに記述を限定するというのとは全く異なる。というより、『起源』には彼女の経験したことを直接に書いているところはない。それどころか、自分のパーソナリティを自分の作品のなかに持ち込むことを明確に拒否している（暗い時代、九三）。ここで指摘したいことは、どちらがすぐれているかという問題ではなく、記述の仕方の違いである。むろん、『起源』の行間に、アーレントの経験が脈打っていることは確かであるが。

（2）『起源』の一部の章だけをもって全体の紹介に代えるという仕方は、藤田省三氏の提言に従うことでもある。藤田氏は、あるインタヴューで、「［アーレントの］最初の歴史認識である『全体主義の起源』（一九五一）では、第一部の最後のチャプター、ドレフュス事件のことを書いているところ、それを読んで、第二部の第一次世界大戦のところを読んで、それから第三部の最後のチャプター、テロルとイデオロギーの関係のところを読む。そうすれば全体で言いたいことがよくわかる。」（『世界』一九九八年五月号）と述べておられる。

（3）アーレントは、『過去と未来の間』の中で、「あらゆる伝統的権威」の崩壊について論じ、これも全体主義到来の前提条件の一つになったと書いている。（一二四頁）「極端な感覚鈍麻」にせよ「権威の崩壊」にせよ、「市民世界の全般的崩壊」＝大衆社会の成立と関連するのであろう。

（4）ツヴァイク（一八八一〜一九四二）は、オーストリアの作家・評論家。富裕なユダヤ系商人の息子として生まれる。ヒトラー政権成立後の一九三四年、イギリスに逃れ、さらに北アメリカからブラジルに移り、自殺。

その作品に史伝『マリー＝アントワネット』、回想記『昨日の世界』などがある。他方、アーレントは『起源』「反ユダヤ主義」の第三章で、パリは「十九世紀の首都」であったというベンヤミンの言葉を引用している。この二つの言葉――「黄金の安定期」「十九世紀の首都」は、いずれも不幸な死を遂げた二人のユダヤ人文学者に対する紙碑のごとくに引用されている。

(5) スチュアート＝ヒューズは、『大変貌』の中で、『起源』第二部に関して、「汎スラヴ主義者の煽動」の記述がいきなり「スターリンの制覇に短絡」するとして、アーレントの『起源』を批判している。(訳書、九四頁)それには当たっているところがなくはないにしても、ヒューズは基準を狭義の歴史学に置いていて、アーレントの精神史的な考察や社会史的な分析の特性を見ていないように思われる。

(6) ただし、始点はこれで動かないとしても、その終点については、第一次世界大戦の開始された一九一四年に至る三十年間とあったり、一九六八年の同書英語版「緒言」では、「イギリスのインド支配清算をもって終る」植民帝国主義とか、帝国主義の「特殊アメリカ版」たる「ドル帝国主義」という言い方もされていて、世界的な規模で同時に終焉を迎えるという認識ではないといえる。

(7) アーレントは、『暗い時代の人々』の中で、ローザ＝ルクセンブルク(一八七〇～一九一九)が、十九世紀末以降、死に至るまでの「約二〇年にわたって、公認されたことはまったくなかったとはいえ、ドイツ左翼運動のなかで最も論議の的となりながら最も理解されない人物となった」とし、「生前、死、死後のどの時期においても、ローザ・ルクセンブルクに許されなかったものはまさに成功」であった、と述べている。他方、『全体主義の起源』では、「帝国主義に関する書物のうちでは、ローザ・ルクセンブルクの労作ほどの卓越した歴史感覚に導かれたものはおそらく例がない」と、ローザの『資本蓄積論』に賛辞を呈している。

（8）ローザ＝ルクセンブルク『資本蓄積論（第三編）』太田哲男訳、同時代社、一九九七年（新版・二〇〇一年）、「訳者まえがき」参照。
（9）ホブスン『帝国主義論』（一九〇二年）矢内原忠雄訳、岩波文庫、上一九五一年、下一九五二年。「帝国主義の純粋に経済的な要因と原動力」を発見したというアーレントのホブスン評価に異議をはさむつもりは毛頭ないけれども、念のため注記すれば、二編から構成されるホブスン『帝国主義論』は、第一編「帝国主義の経済学」（岩波文庫本では上巻）、第二編「帝国主義の政治学」（同下巻）となっていて、量的には第二編は第一編の約二倍あり、しかも第二編第四章は、「帝国主義と劣等人種」という表題になっている。
（10）アーレントは、イタリアのファシズムは全体主義には至らなかった（Ⅲ、7（注10））と書いている。『起源』は日本について直接には言及していないけれども、全体主義についての彼女の規定に従えば、一九三〇年代後半から四〇年代にかけての日本は全体主義ではないということになるであろう。他方、彼女の論文「暴力について」（一九六九年）には、「スターリンのロシア、ヒトラーのドイツ、戦前の日本」と並列されている（Arendt, *Crises of the Public*, p.152）箇所がある。いずれにせよ彼女は、日本についてはごく断片的なことしか書いていない。
（11）マルクス＝エンゲルス全集、第一九巻、二二一頁。
（12）戦後日本の平和運動でさえ、「被害者意識」の上に成り立っている側面があった。野田正彰『戦争と罪責』岩波書店、一九九八年、参照。
（13）トランシルヴァニア（今日のルーマニアの一部）にいた「外国から来たユダヤ人」が強制収容所に連行され、その中の一人が辛くも脱出して舞い戻り、彼が見たことをユダヤ人たちに話した。しかし、「人びとは、彼の話を本気にするどころか、話に耳を藉そうともしなかった。」このようにして、エリ＝ヴィーゼル（一九八六年、ノーベル平和賞受賞）の小説『夜』（同『夜・夜明け・昼』みすず書房、村上光彦訳、一九八四年）は始まる。

(14) アーレントが使っている「根本悪」という言葉（Ⅲ、二六六）は、カントの『単なる理性の限界内における宗教』で使われている。

(15) 例えば、一九六八年のチェコ事件の前にまとめられたリーム『三つの世代』（みすず書房、一九七〇年）参照。八〇年代については、ハウ編『世紀末の診断』（みすず書房、一九八五年）参照。

(16) アルフレッド＝ケイジン『ニューヨークのユダヤ人たち』Ⅱ、大津栄一郎・筒井正明訳、岩波書店、一九八七年、一〇三頁以下。ケイジンは、一九一五年にニューヨークのブルックリンに生まれた。

(17) クリヴィツキー『スターリン時代・第2版』根岸隆夫訳、みすず書房、一九八七年、三三頁以下。

(18) ドイッチャー『スターリン』第二巻、上原和夫訳、みすず書房、一九八四年、七九頁。アーレントは、『起源』においてこの本の資料の豊富さと優れた洞察を評価する一方で、若干の批判をも書いている。

(19) スヴァーリン『スターリン』江原順訳、上下二冊、教育社、一九八九年。

(20) クリヴィツキーの本の「運命」については、前掲訳書に付けられた入魂の「訳者解説」に詳しい。

(21) スヴァーリン『スターリン』下、前掲書、三〇六頁以下。

(22) 「生々しい諸記録」の一つに関連して。『全体主義の起源』ドイツ語版の参考文献には、マルガレーテ＝ブーバー＝ノイマン『スターリンとヒトラーの囚人として』（一九四八年。その英語版の題名は『二人の独裁者の下で』）が挙げられている。日本語版『起源』の索引にはこの人名は見えないが、管見の限りでは、『起源』第三部の注111（二四七頁）に登場する。

私はマルガレーテのこの本は見ていないけれども、同じ著者がのちに書いた『カフカの恋人ミレナ』（田中昌子訳、平凡社、一九七六年）は読んだ。それによれば、マルガレーテ（一九〇一～八九）は、ドイツ共産党に入党し、コミンテルン幹部だったハインツ＝ノイマンと結婚した。だが、ハインツ＝ノイマンは、一九三七年にスターリンによって粛清＝殺害され、マルガレーテは、カザフスタンにあった強制収容所に送られた。そして、一九四〇年に、スターリン・ヒトラー協定に基づき、彼女はナチスの手に引き渡され、ラーヴェンスブリュック強制収容所に送られた。

カフカの恋人だったミレナ（一八九五～一九四四）は、カフカの死後の一九三一年に共産党に入党したが、一九三六年にモスクワ裁判のニュースを聞いて脱党。その後、チェコスロヴァキアに対するヒトラーの圧力の強まりに抵抗し、ナチスの強制収容所に放り込まれた。その収容所で、この二人の女性は出逢った。『カフカの恋人ミレナ』は、この二人の出逢い、自分たちの経歴の交流の物語を軸に書かれたものである。第二次世界大戦が始まった頃、ナチスの収容所にいたミレナの発言を、マルガレーテは記録した。――「万一、赤軍がわれわれを解放することにでもなれば、わたしは自殺しなければならない。」（一六七頁）

まさしく、自らの共産党体験もふまえた言葉であった。二つの全体主義の本質を強制収容所に見るのがアーレントの立論だが、『カフカの恋人ミレナ』は両者の収容所を二つながらに体験したマルガレーテが描いた著作である。

なお、日本人の強制収容所体験としては、石原吉郎『望郷と海』（ちくま文庫）、同『石原吉郎評論集　海を流れる河』（同時代社）参照。

（23）ケイジン『ニューヨークのユダヤ人たち』Ⅰ、前掲書、一一九頁以下。

(24) ケイジンは、この元共産主義者について「イグナチオ・シローネ、ジョージ・オーウェル、アーサー・ケストラー、W・H・オーデン、スティーヴン・スペンダー、リチャード・ライトらにとって、神は没落していた」と書いている。ここに並んでいる人々は、オーウェルとW・H・オーデンを除けば、二〇年代から三〇年代に共産党に入党して後に離脱した人々、および、共産党の「同伴者」となった後その立場を離脱した人々である。リチャード＝クロスマン編『神は躓《つまづ》く』（原著一九五〇年）村上芳雄訳、ぺりかん社、一九六九年、参照。

(25) アーサー＝ケストラーは、一九〇五年にハンガリーに生まれたユダヤ人で、四八年にイギリスに帰化。一九三一年に共産党に入党し、三八年に離脱。スペイン戦争の際にフランコ側に捕らえられたが脱走、三九年にフランスの収容所に入れられた経歴を持つ。

(26) W・H・オーデン（一九〇七～一九七三）は、一九三八年にアメリカに亡命、四六年に帰化した。『アーレント＝マッカーシー往復書簡』の編者注には、次のようにある。

「ニュースクールでは、オーデンの死後アーレントの見せた動揺に、彼女の学生たちは強い印象を受けた。それは夫の死後彼女が示した自制心とはあまりにかけはなれていた。」（AM、六〇〇頁）

(27) ベンヤミン「パリ――十九世紀の首都」『ボードレール』ベンヤミン著作集第6巻、晶文社、一九七五年、所収。

Ⅲ　その後の諸著作

――『人間の条件』『イェルサレムのアイヒマン』など

一　『人間の条件』

ハンナ＝アーレントは、『全体主義の起源』のあと、『人間の条件』（一九五八年）を出版した。

アーレントにとって、政治とは「公的なもの」「自由」に関わるものであった。この観点からすれば、「公的なもの」「自由」を完膚なきまでに抹殺したのが全体主義だったともいえる。この公的なものや自由を原理的に考察したのが『人間の条件』であった。その意味で、『人間の条件』は『全体主義の起源』に密接に関連する面、原論としての面を持ち、この著作を中心にするアーレント論は多い。

この本もかなり大部なものであるが、その第一章「人間の条件」、第二章「公的領域と私的領域」がこの本のいわば〈原論〉的なところと思われるので、その部分を中心にしつつ、第三章「労働」も含め、アーレントの記述をたどってみることとする。

労働・仕事・活動

アーレントは、人間の活動力を労働（labor）・仕事（work）・活動（action）の三つに区分している。

それによれば、労働とは、「人間の肉体の生物学的過程に対応する活動力」、つまり、「生きる」ということそれ自体に必要とされる物を作り出す活動力であり、労働の「人間的条件」は生命それ自

シカゴ大学（撮影・青山直美氏）　1956年，アーレントはシカゴ大学で講演を行い，これが『人間の条件』の原型となった。また，彼女は，1963年から67年まで，シカゴ大学教授を務めた。

体である。たとえばオムレツを作ることがそれに当たる。

　仕事とは、「人間存在の非自然性に対応する活動力」であり、「仕事」の成果はたとえば「工作物」である。「非自然性」とは、人間と動物に共通する性質でもある「自然性」ではなく、すぐには消費され終わらない性質を持つものと考えられる。「非自然性」を発揮した結果でもある「工作物」は、労働の結果が「消費」されるのに対して「使用」される。仕事の「人間的条件」は世界性（worldliness）である。仕事とは、職人が机を作ったり、建物を建てたりするようなことだ。アーレントの「世界性」という言葉もわかりにくいが、日本語の感覚としては、「世間」の人びとが共に利用できる特性を有すると考えればよいであろう。アーレントはタイプライターで論文を書くことも「仕事」だと語っている。その場合の「世界性」とは、書き手を直接には知らない複数の読者がいるといった意味となろう。

　活動とは、「直接人と人との間で行われる唯一の活動力」

であり、それは多数性という人間の条件、つまり地球上に生き世界に住むのが多数の人間であるという事実に対応しており、また、この多数性は「全政治生活の条件」である。ここにいう「活動」は、端的には「政治」に関わるものだ。草の根的な活動団体の政治に関する（生産的な）討論の場をイメージするのがわかりやすいかもしれない。

アーレントは、労働と仕事とを区別すべきことを主張したが、この主張の支持者はほとんどいないとも書いている。たしかにたとえばマルクスの立場からすれば、仕事も労働にほかならず、労働と仕事を区別するなどナンセンスの極みとなるだろう。しかしアーレントは、この区別に関する非常に明瞭な証拠が一つあるという。それはこの二つの言葉の区別とその語源である。ここでは近代語の場合だけを記しておこう。

	労働	仕事
英語	labor	work
フランス語	travail	œuvre
ドイツ語	Arbeit	Werk

アーレントは、労働laborと仕事workは、いずれの言語でも明らかに異なる語源を有し、それはギリシア語やラテン語でも同様だと指摘する。そして、労働に相当する語だけが苦痛とか困難という明白な意味を持っているという。[1]労働と仕事のこうした差異は、すでに古代ギリシア初期にも見られるのであって、それは奴隷と仕事人（デミウルゴイ）の区別に現れていたとアーレントは書いている。[2]

『人間の条件』においてアーレントは、「現代」の特色あるいは異常さを浮きぼりにするため、古代ギリシアを引きあいに出すが、ここでは、古代ギリシアにおける「活動」に関連して、

「政治的」ということ

政治的であるということは、ポリスで生活するということであり、ポリスで生活するということは、すべてが力と暴力によらず、言葉と説得によって決定されるという意味であった。ギリシア人の自己理解では、暴力によって人を強制すること、つまり説得するのではなく命令することは、人を扱う前政治的方法であり、ポリスの外部の生活に固有のものであった。すなわちそれは、家長が絶対的な専制的権力によって支配する家庭や家族の生活に固有のものであり、その専制政治がしばしば家族の組織に似ているアジアの野蛮な帝国の生活に固有のものであった。（HC、四七）

と書いている。

アーレントによれば、「労働」「仕事」「活動」のうちの「活動」は、すぐれて政治的なものに関連しているのであるが、その政治的なものの核心は「言葉と説得」である。ただ、このような「活動」の理解はやや特異であるので、アーレントは古代ギリシア、とりわけアリストテレス以降の思想史的文脈において考察を進めようとする。

彼女は、アリストテレスによる人間の二つの定義、つまり「政治的動物（zōon politikon）」と「言

葉を発することのできる存在（zōon logon ekhon）」は、ギリシア的生活に基づいた規定だと考える。だが、この規定がラテン語に翻訳されたとき、そこにはある種の変容が生じた。

zōon politikon は animal socialis（社会的動物）と訳され、

zōon logon ekhon は animal rationale（理性的動物）と訳された。

だが、これは両方ともギリシア的含意を基本的に誤解した訳語である。

まず、「社会的動物」について。人間は仲間と生活しているというだけでは、社会的ではあるとしても、政治的とはいえない。動物は、仲間と生活し、その意味で「社会的」にはなっても「政治的」にはなり得ない。政治的組織を作る人間の能力は、家庭（oikia）と家族を中心とする自然的な結合とは別で、そこに人間を人間とする点がある、というのである。そもそも、「社会的」という言葉は「ローマ起源のものであり、ギリシア語にもギリシア思想にも、それに相当する言葉はない」（四四）のである。中世になると、トマス＝アクィナスは「人間は本性上政治的、すなわち社会的である」と書いたが、これは、アーレントによれば、「政治にかんするもともとのギリシア的理解がどの程度失われたかということを、どんな精緻な理論よりもはっきりと暴露している」（同）のである。

次に、「理性的動物」について。「言葉を発することのできる存在」は、基本的に言論に関わり、他方、「理性的」というのはアリストテレスが人間の最高の能力とした「ヌース」、つまり観想（テオリア）の能力に関わる。アリストテレスによれば、観想の能力は神的なものであり、あれこれ議論し合う性格のものではないし、そもそも議論の必要のないものであった。それゆえ、ギリシア的文脈では、「言葉を発することのできる存在」と「理性的動物」とは別だったのである。

言葉の重視は、まさしく政治の重視でもある。アーレントは、「ただむきだしの暴力だけが言葉を発せず、この理由のゆえに、暴力だけは偉大ではありえないのである。」と書いている。『全体主義の起源』を読んだあとにこうした議論を読むと、『人間の条件』が一面で『全体主義の起源』につながっていることを強く印象づけられる。

強制収容所に「言論」は存在しなかった。また、「経験」を無視したイデオロギーの発する言葉は、「討論」や「説得」から最も遠い。

このように見ると、アーレントの語源学《エチモロジック》的方法は、「ペダンチックな古典趣味からきているのではなく、むしろ彼女の言葉の真の意味におけるラディカリズムによる」ものだという、『人間の条件』の「訳者解説」における志水速雄氏の評は的確である。

近代における社会の登場

家族を私的な領域、政治を公的領域と考えるギリシア的理解は、近代になると混乱してくる、とアーレントは考える。つまり、「政治」に関わるポリスと、「生存」つまり飲食を中心とする「家庭」「家族」の他に、近代になると、工場などに典型的な「社会」的領域、つまり、私的なものでもなく公的なものでもない領域が大きく広がってくる。(「会社人間」などというものは古代ギリシアには存在しない。）

「社会」とは、「家族」の機能のうち、個々人が「生きる」のに必要な食べ物・着る物を作るという機能がいわば拡大したものだと考えることができる。単純化すれば、家庭で作っていた衣服を工場で作るようになった、という次第である。つまり、「家族の模写（コピー）」という意味を持つ「社会」が、そして、その政治的組織形態である「国民」が、近代には大きな意味を持つようになる。oikos（家）＋nomia＝oikonomia（家政学）が、economy（経済学）となる。古代ギリシアでは oikos と polis とは対立するものであったが、近代においては、「政治経済学（ポリティカル・エコノミー）」[3]という、古代ギリシア的感覚からすれば形容矛盾に他ならない言葉が、形容矛盾ではなくなってしまう。

さらに、現代世界において、社会的領域と政治的領域との区別が不明確化する。社会保障が重要な政治課題の一つとなるなどということを考えれば、そのことは明白だろう。

古代ギリシアにおいては、「労働」は、「活動」や「観想」に比して低位なもの、「必然」にとらわれたもの、人間的というより動物的なものと考えられていた。しかし、近代になると、「活動」と「労働」の地位が逆転する。神がではなく、労働が人間を造ったといった「冒涜的」な観念が現れる。そして、理性ではなく労働こそが人間を他の動物から区別するという観念が登場してくることになる。「古代の理論では労働が軽蔑され、近代の理論では労働が賛美された」（一四七）のである。それはジョン＝ロックが「労働はすべての財産の源泉であるということを発見したときに端を発している」（一五七）が、アダム＝スミスやマルクスに至って一層徹底する。そして、「産業革命は、すべての仕事を労働に置き代え」、「仕事人を労働者に代え」（一八六）た。

マルクス批判

『人間の条件』「第三章　労働」は、マルクスに対する批判が展開される章である。その要点は、マルクスが「労働」を人間の本質と見た点に関わる。マルクスの目指した共産主義社会あるいは社会主義社会では、労働時間が著しく短縮されていて、すべての職業がいわば趣味となるというようにイメージされている。

アーレントが付けた（注65）には、マルクスとエンゲルスの『ドイツ・イデオロギー』（一八四五～六年）からの次の引用文がある。

今日はこれをし、明日はあれをし、朝は狩りをし、午後には魚釣りをし、夕べには家畜を育て、夕食後には批判をする。彼らはそれぞれ自分の好きなことをするが、そうだからといって狩猟家、漁夫、羊飼い、批評家になるのではない。

これは、マルクスの『資本論』にいう「自由の王国」のイメージに連なると解釈してよかろう。アーレントがマルクスを批判するのは、次の二点からだとみることができる。第一は、もしここに描かれた「自由の王国」が理想であるとすると、その理想は人間の本質が労働にある（「人間は労働する動物（animal laborans）である」）という規定と相容れず、マルクスの「根本的で目にあまる矛盾」（過去と未来、三〇）ではないかというものである。（アーレントは、このような矛盾は「二流の物書き」にはまず生じないとしているが。）そして第二は、この理想状態では、活動つまり言論と説得がほとんど意義を与えられていないけれども、それでどうして人間にとっての「理想世界」なのかという点である。

アーレントの『全体主義の起源』が出版された一九五一年前後は、一方では朝鮮戦争が進行し、他方、ヨーロッパにおける冷戦が厳しさを増し、はたまたアメリカ合州国内における「赤狩り」すなわちマッカーシズムが荒れ狂っていた時代だった。そのような時代にスターリン主義を「全体主義」としてナチズムと同列に批判する者が、「反共主義者」と見なされたとしても不思議ではなく、『起源』が「冷戦のバイブル」と見なされることまであったという。[4] 時期は少しおくれるが、『人間の条件』におけるマルクス批判が加わるのであるから、なおさらである。

しかし、『人間の条件』におけるマルクス批判は、右にみたように「反共主義」によるものではないし、アーレントはマルクスを「偉大な著作家」と書き、「西欧の最も優れた伝統」（本書一一一頁参照）を背景に持つ彼の理論が「精緻」であるとも書いている。そして、そのマルクス批判の枠組みは、次に記す「消費者社会」論にみられるような、同時にアメリカ社会批判につながる独特のものであった。

社会的なものの膨張

古代ギリシアにおけるポリスが「政治的」な「活動」を軸にしていたということは、その人口の少なさとも関係がある。しかし、人口が増えれば増えるほど、公的領域を構成するものが、政治的なるもの（政治に関する公的議論）というより社会的なるもの（衣食住などの社会的生産に関すること）に力点を移していくのであって、近代における社会的なものの台頭は不可避である。

そして、「大衆社会では、社会的動物としての人間が最高位を支配し、その上、種の生存が全世界的な規模で保証されることも明らかである。しかし、それと同時に、大衆社会は、人類を滅亡の危機に陥れることもできる。」（HC、七〇）

アーレントが「人類の滅亡の危機」というとき、その念頭には、全体主義による大量殺人もあったことであろう。

しかし、社会的なものの膨張には、別の側面もある。「生命過程の公的な分野である社会的領域は、いわば、自然的なるものの不自然な成長を解き放した。この結果、一方では私的なるものと親密なるものが、他方では狭義の政治的なるものが、それぞれわが身を守ることができなくなった。」（七二）ここにいう「不自然な成長」とは、「絶えまなく加速される労働生産性の増大」ということであり、ここは、『人間の条件』第三章にいう「消費者社会」につながっていくが、これは、第二次世界大戦後の先進諸国の経済に関連するところである。「狭義の政治的なるもの」がわが身を守ることができなくなったというのは、あらゆることが経済成長の波に飲み込まれ、あるいは大衆社会の浸透のゆえに「活動」と「言論」の能力が以前のような特質を失ったということでもある。

現代消費者社会と私的なるものの拡大　労働優位の社会は、「消費者社会」となっていく。「今や、椅子やテーブルは、服のように早く消費され、ひるがえって服は、ほとんど食物のようにすばやく使用済みとなる。」（HC、一八五）

ここに、「苦痛なき消費」「努力なき消費」という現象が広がり、人間の欲望の解放が進行・深化する。人類は、「世界全体を自由に『消費』するようになり、人類が消費したいと思うすべてのものを日々自由に再生産するようになるだろう。」（一九三）それは「安楽」の進展でもあるけれども、経済全体が「浪費経済」（一九六）になっているということでもある。「言論」や「説得」が消え失せた「愚者の楽園」（一九四）に近づいているのかもしれない。さらに、「世界の物が、すべて消費と消費による絶滅の脅威に曝されるであろうという重大な危険をはらんでいる」（一九五）「労働」優位が「活動」の世界を無化していく点では、マルクスの「自由の王国」も現代消費者社会も同様だということになる。

アーレントによれば、公的（public）とは、第一に、「公に現われるものはすべて、万人によって見られ、聞かれ、可能な限り最も広く公示されるということを意味する。」（七五）私たちが見、聞きするものを、同じように見、聞く他人が存在するおかげで、私たちは世界と私たち自身のリアリティを確信することができる。

他方、そのリアリティを欠く生き方もある。その一例をアーレントは、次のように書いている。

フランス人は、かつては偉大で栄光に満ちていた公的領域が衰退して以来、「小さなもの」の中で幸福になる技術を習得するようになった。つまり彼らは、自分の家の四つの壁に取り囲まれ、衣裳箱とベッド、テーブルと椅子、犬や猫や花瓶に囲まれて幸福になれるのである。（七八）

「犬や猫や花瓶に囲まれて幸福になれる」のはフランス人に限ったことではないだろうけれども、それはともかくとしよう。この部分に続けて、アーレントは、急速な工業化によって世界は、「今日のものを生産するために昨日のものがいつも殺されている」ような状態となり、「私的なるものが拡大し、いわば民族全体が魔法にかけられて」しまったと書いている。このアーレントの言葉は、直接にはフランスに関するものであるにしても、やはり現代社会の基本的な特質を、すでに一九五〇年代に的確に言い当てていたというべきであるし、その射程の長さを含むところが、アーレントの著作の古典的特質を形成するものとなっている。

公的領域の希薄化と大衆社会　アーレントによれば、公的という用語は、第二に、世界そのものを意味している。公的領域は「共通世界」であるのだけれども、「大衆社会」においては討論や説得を軸とする「共通世界」が存在しない形になっている。「隣は何をする人ぞ」の世界である。広く世間に流布する著作があっても、それは単なる消費物に過ぎず、「何か固い、耐久力のあるもの」にはついになり得ない。そこに「客観性」があるとすれば、金銭的報酬であり、それによって現実的となっていると見えるだけのことである。

そこに、大衆社会の画一主義が現れる。アーレントは、画一主義が「社会」に固有のものだという。

その画一主義の顕在化・一般化と関連することだが、人間関係の主要な様式は、公的・政治的領域に関連する活動（action）から、経済の世界を中心とする行動（behavior）に変わった。経済学は「社会の科学」として、統計学とともに脚光を浴びる。(5)

他方、「大衆社会」の不自然な画一主義によって、人々は完全に私的（private）になる。「彼らは他人を見聞きすることを奪われ《ディプライヴド》、他人から見聞きされることを奪われる。彼らは、すべて、自分の主観的なただ一つの経験の中に閉じこめられる。」（八七）「共通世界」の終わりである。

ここに「孤独（loneliness）の大衆現象」が現れてくる。

大衆社会では、孤独は最も極端で、最も反人間的な形式をとっている。なぜ極端であるかといえば、大衆社会は、ただ公的領域ばかりでなく、私的領域をも破壊し、人びとから、世界における自分の場所ばかりでなく、私的な家庭まで奪っているからである。（八八）

というわけである。近代以降、「公的」なものは一段と影を薄くしていくのであるが、他方で私的なものの典型であった「家庭」はどうなったか。大衆社会では、その家庭の成員の絆をも解体し、バラバラにしてしまう、ということであろう。

古代においては、「政治的であることは人間存在の最高の可能性を手にすることを意味した」のであるが、討論や説得を軸とする「政治的であること」が、社会的なものの台頭した現代では著しく希薄化しているというのである。

〈工作人〉の二つの側面

「産業革命はすべての仕事を労働に置き代えた」にせよ、労働と仕事の区別が消滅したわけではない。先に記したように、「労働」の成果は「消費」されるけれども、「仕事」の成果は「使用」される、というのである。

ところで、「仕事」にたずさわる「工作人」の場合、目的による手段の正当化が起こる。テーブルを作るという「目的」のため、樹木の殺傷が正当化される。同様にして、「目的《エンド》は、材料を得るために自然に加えられる暴力を正当化する。」（二四四）

アーレントは、「〈工作人〉の人間中心的功利主義の最大の表現は、カントの定式である。その定式によれば、いかなる人間も目的のための手段であってはならず、すべての人間が目的自体である」（二四八）と書いている。この定式が広く現実化すると、「〈工作人〉は究極的には一切のものを勝手

に食い荒らし、存在する一切のものを自分自身のための単なる手段と考えるだろう。」（二五二）
この言葉は、一九六〇年代以降に顕在化してきた地球環境の破壊の問題を先駆的に論じているようにも見える。

それだけではない。アーレントは、「使用する者、手段化する者としての人間」と「言葉を発する者、行う者としての人間、考える者としての人間」を対置していて、はなはだ抽象的ながら、その破壊の道に対抗するのが「言葉を発する者」なのだということを暗示しているようにも見える。しかし、〈工作人〉には、全く別の側面もある。

活動し語る人びとは、最高の能力を持つ〈工作人〉の助力、すなわち、芸術家、詩人、歴史編纂者、記念碑建設者、作家の助力を必要とする。なぜならそれらの助力なしには、彼らの活動力の産物、彼らが演じ、語る物語は、けっして生き残らないからである。（二七三）

というのである。こうした言い方を借用するならば、アーレントは主としてニューヨークにおける「活動」「討論」を通じて、『全体主義の起源』という「物語」を書いたということもできる。

現代世界における「活動」の復活

アーレントの描く現代世界の像は明るいものではない。その最も根本的な理由は、人間の空間から「活動」が失われた点にあるからだといえよう。しかし、「新しい公的空間」が存在しなかったわけではないし、希望がないわけでもない。

すでに見たように、アーレントの議論によれば、「労働」は「活動」と基本的に異なる。労働は、「討論や説得」とは無縁であって、「反政治的」である。しかし、それにも関わらず、近代の政治においては、労働運動が突然、「しばしば異常に生産的な役割」を果たしてきたという。アーレントがその例として挙げているのは、一八四八年の諸革命（フランス二月革命など）から一九五六年のハンガリー革命に至るまでのそれである。その核心は、「新しい政治的基準をもつ新しい公的空間を創設する」（三四七）という点にあり、その公的空間が「人民の評議会制度」だ。そして、こうした企てを促した源泉は、「不正や偽善に対する抗議」であった。この制度のもとで、人びとは「人間として活動し、語った」というのである。

そこにはまた、「人間の共生」が生じていたと解釈してよかろう。アーレントは、「人間事象の領域は、人間が共生しているところではどこでも存在している人間関係の網の目（Web）から成り立っている」（二九八）とし、「そして言論と活動の直接的な結果も、この網の目の中で感じられるのである」と書いているからである。Web という言葉は、今日ではインターネットの世界の言葉になってしまった感があり、「共生」という言葉にも手垢がつきつつあるが、アーレントが主張しようとしていた点は、以上の説明で理解できるであろう。

「公的空間」は、「討論や説得」がまさしく公開性をもって行われることで形成される。それは、一部の人間が「密室」で事をはかるものとは異質であるし、「身内」の人間で「仲良きことは美しきかな」式に事を運ぶのも、何ら「公的」ではない。

『人間の条件』の意味

さて、アーレントは『人間の条件』で何を目指していたのであろうか。

その第一は、これまでに記した古代ギリシアなどに関する記述にも明らかなように、アーレントがヨーロッパ思想史を独自に編み替えようとしているという点である。それは、古代ギリシア思想からキリスト教を通ってマルクス主義の位置づけに及ぶ壮大なものである。アーレントの仕事には、思想史家としてのそれがある。それは『人間の条件』にすでにうかがえるところであるが、『カント政治哲学の講義』や『精神の生活』、とくにこの後者にはその側面が顕著で、論はソクラテス以前の哲学者たちからハイデガーにまで及ぶ。これらの著作は、必ずしも読みやすいものではないけれども、極めて独自性の強いものでありながら説得性に富み、アーレントの魅力の一面をなしている。

その第二は、『人間の条件』が『全体主義の起源』の問題を新たな角度から解明しようとするものであったという点である。この解明の試みは、この『人間の条件』の中に繰り返し現れてくるが、先に論じた社会的なものの台頭に関わるところでいえば、次のような記述が見られる。

古代の家族においては「一人支配（one-man rule）」が行われたが、近代以降の社会においては一種の「無人支配（no-man rule）」が行われる。たとえば市場の論理が貫徹しているところを想像すればよかろう。しかし、話はそれにとどまらない。「無人支配は必ずしも無支配《ノー・ルール》ではない。実際、それはある環境のもとでは、最も無慈悲で、最も暴君的な支配の一つとなる場合さえある」（六三）というのだが、ここにいう「最も無慈悲で、最も暴君的な支配の一つ」が、全体主義であることは疑いを容れない。

その第三は、第二次世界大戦後の「大衆社会」の状況の解明が目指されている点である。アーレントが『人間の条件』に取り組んだ一九五〇年代は、アメリカ合州国経済が活況を呈していた時期であり、また、アーレントも『人間の条件』の中で言及しているように、ドイツが「奇跡の復興」を遂げた時期でもあった。その「戦後」社会の思想史・社会史的な特色は何か。この問題に取り組もうという問題意識が、アーレントにはあった。

アーレントは、政治的なものと関連している「活動」は、古代においては家族によって排除されていたが、近代以降には社会によって排除されることになると考える。しかも、この社会的なるものは、二十世紀における「大衆社会」の出現とともに、大いに拡大されると論じた。

今や、社会的領域は、一定の共同体の成員をすべて、平等に、かつ平等の力で、抱擁し、統制するに至っている。しかも、社会はどんな環境のもとでも均質化する。だから、現代世界で平等が勝利したというのは、社会が公的領域を征服し、その結果、区別と差異が個人の私的問題になったという事実を政治的、法的に承認したということにすぎない。（六四）

ということになる。この指摘は、政治的無関心が拡大し、他方で、ファッションなどにおける「個性」が無闇に珍重されるという現代日本の諸現象にも関わってくるであろう。

「活動的生活」の政治的意味

以上、三つの点を指摘した。アーレント自身は、『人間の条件』第二章の最後で、

私の意図は、むしろ〈活動的生活〉の活動力の政治的意味をある程度確実に明らかにすることである。（一一〇）

と書いている。この点が、実は『人間の条件』の最も大きな意義・魅力なのであろうし、多くのハンナ＝アーレント論がこの問題を軸に展開されているのももっともである。

それは端的に言って、「政治」の自立性を主張している点にあるように思われる。この点をマルクス主義的立場と比べてみよう。マルクス主義の場合、「政治」は「経済」の上部構造として、土台である「経済」によって規定され制約されるものとして、いわば従属的なものとして把握された。しかし、「言論」「活動」をキーワードとするアーレントの把握は、むろん「経済」の前に「政治」の影が薄くなるという事実はあるとしても、「政治」の原理自身が従属的であるわけではない、とするものである。

マルクス主義との関連はともかくとして、現実の政治が「暴力」に支配されることがあるとして

も、暴力に政治の本質があるのでは断じてない。また、密室での謀議や情実や派閥力学や利益誘導や利権や慣例によって「政治」が動かされているという「事実」はあるとしても、それらの中に政治の本質があるのではなく、あくまでも「言論」「活動」に政治の本質があるとするものである。

現代の「先進」諸国は、圧倒的な消費者社会となり、そこでは私的原理が圧倒的に優位となり、その「安楽」指向の波間に「公的なもの」は没しているようにも見える。アーレントのいう「公共的」なものとはおよそほど遠いものが「公共事業」などと呼ばれているありさまである。けれども、それは「公的なもの」がなくなったことを意味するわけではない、とアーレントは主張するかのごとくである。

このような原理的な政治把握を、古代ギリシア以降の思想史的研究や、全体主義の再考察や、現代の大衆社会論と織り交ぜて行っているところに、『人間の条件』の意義と魅力はあるといえよう。

さらに、公的原理が「不正や偽善に対する抗議」に由来する面を持つとすれば、それぞれの時代の痛切な課題と取り組んだアーレントの著作もまた、そのような意味を含むものであった。

二　『イェルサレムのアイヒマン』

発端

一九六〇年五月十一日、イスラエル情報機関の男たちは、アドルフ＝アイヒマンをブエノスアイレスで逮捕し、「アルゼンチンの法律に対する形式的な侵犯」（アルゼンチン大統領宛のイスラエル首相ベン＝グリオンの手紙）をしつつ、五月二十二日、イスラエルに移送した。その移送の理由を、ベン＝グリオンは、「ヨーロッパ全土にわたって前例のない規模で〔六百万のわが民族の〕大量殺害を組織したのはアイヒマンであった」と説明した。

そして、アイヒマン裁判が、国際的な注目をされる中で、国際法廷としてではなく、イスラエル内で始まった。

アイヒマンとはどのような人物か。

アーレントの『イェルサレムのアイヒマン』（以下、適宜『アイヒマン』と略す）には、その位置が次のように説明されている。第二次世界大戦開始後のドイツで、SS（親衛隊）公安部と、秘密国家警察（ゲシュタポ）を含む正規の国家公安警察との合体によって国家公安本部（RSHA）が生まれた。RSHAは七つの局から構成され、第Ⅳ局がゲシュタポ。その第Ⅳ局で、ユダヤ人担当の課を受け持ったのがアイヒマンだった。（アイヒマン、五四〜五五）

以下、裁判について年譜風に書いてみると、

一九六一年四月十一日　アイヒマンに対する公判開始
　　　　八月十四日　主要な審理終了
　　　十二月十五日　アイヒマンに死刑判決
一九六二年三月二十二日　控訴審開始
　　　五月二十九日　第二審判決。死刑判決は変わらず
　　　　三十一日　アイヒマン絞首される

となる。アーレントは、アイヒマンがイスラエルに移送されてまもない六〇年六月二十日、メアリー＝マッカーシーに宛てた手紙で、「私は今どこかの雑誌がアイヒマン裁判の取材に私を派遣してくれないものかと、半ば本気で考えています」と早くも裁判への関心を表明していた。アーレントは、『ニューヨーカー』の編集者ウィリアム＝ショーン[6]に話を持ち込み、社からの派遣ということになった。

アドルフ＝アイヒマン

　アーレントは、イスラエルに行くことにしたためにいくつかの予定をキャンセルした。ある大学での講演もその一つで、その詫状に「この裁判に出席することはなぜか私の過去に対して私が

負っている義務のように思えるのです」（AM、二一八〜二一九）と書いていた。彼女は、裁判開始直前、テル・アヴィヴに飛んだ。

アイヒマンの絞首刑の後、この裁判に関してアーレントが書いた文章は、雑誌『ニューヨーカー』に五回にわたって連載され、六三年五月、『イェルサレムのアイヒマン』という単行本として出版された。

アイヒマン裁判のドイツへのはね返り

アイヒマン逮捕とアイヒマン裁判は、世界的に波紋を広げたが、最大の影響を及ぼしたのはドイツに対してだった。アイヒマン逮捕をきっかけに、「すくなくとも直接殺人に加わった者を裁判にかけようという真剣な努力」（アイヒマン、九）がはじめておこなわれるに至った。それまで、「ドイツ人自身は結局無関心であり、殺人者どもが自由に闊歩していても特別気にもとめなかった」のだけれども、「ドイツはこの裁判の予期し得る影響にそなえて、それまで見られなかったような熱意を持って国内のナチ犯罪者を探し出し、告発するのにおおわらわだった」（一二）と、アーレントは、痛烈にして皮肉な「語り口」で書いている。

アーレントは、およそ戦争犯罪について考えようという場合に、否応なしに問題となってくる次のような論点を指摘していた。

ベン＝グリオンの意図したような、法律的な厳密性は後まわしにして一般的争点を強調するアイヒマン裁判の論理からすれば、当然あらゆるドイツ官憲が――つまり、各省の公務員、国防軍及び参謀本部、司法界、産業経済界が最終的解決に荷担したことが暴露されねばならなかった。（一四）

しかし、この裁判の検察側は、「この高度に爆発的な問題――党員の枠をはるかに超えてほとんど国民全体に及ぶ共犯関係という問題に触れることは慎重に避けた。」（一四）

この回避には、イスラエルが西独からの「援助」に期待するという特別の外交関係が固まりつつあったという背景が考えられる。つまり、裁判の背後、あるいはその無条件の前提に、「高度の政治判断」が――そういう判断が働いたのはアイヒマン裁判の場合だけではないけれども――あった。

アイヒマンについて

アドルフ＝アイヒマンは、偶然ながらアーレントと同年の一九〇六年生まれである。彼はドイツのゾーリンゲンの堅実な中産階級の家庭に生まれたが、やがてその家庭は中産階級から転落した。アーレントのこの説明が、『全体主義の起源』におけるモッブについての見解と重なることは明白である。『起源』では、全体主義運動の担い手となるモッブは「ありとあらゆる階級脱落者（デクラッセ）」から成る存在だと説明されていた。（本書八三頁）中産階級からの脱落者であるアイヒマンは、まさしくそのモッブの一人として、「運動」に加わった。

他方、ユダヤ人との関係でいえば、アイヒマンの身内にはユダヤ人がいたし、ユダヤ人の愛人を持ったこともあったほどで、根っからの反ユダヤ主義者であったわけではない。一九三二年、アイヒマンはナチス党員となり、その後すぐSS隊員となりはしたものの、ヒトラーの『わが闘争』を読んだこともなく、党綱領すらも知らなかった。

そんなアイヒマンのナチス入党について、アーレントは次のように書いている。

時代の風は彼をつまらない無意味な平々凡々の存在から彼の理解した限りでの〈歴史〉のなかへ、つまり〈運動〉のなかへ舞上がらせたのである。これは決して静止することがなく、その中では彼のような人間——自分の属する社会的階級からも自分の家族からも、従ってまた自分の目から見てもすでに失敗者としか見られぬ人間——でも、初めからもう一度やりなおして出世することができる運動だった。（アイヒマン、二六）

その頃、アイヒマンはテオドール＝ヘルツルの『ユダヤ人国家』[7]を読み、シオニズムに心酔したという。

アイヒマン証言の衝撃

法廷に立ったアイヒマンは、驚くべきことに、次のように述べた。

ユダヤ人殺害には私は全然関係しなかった。私はユダヤ人であれ非ユダヤ人であれ一人も殺していない——そもそも人間というものを殺したことがないのだ。私はユダヤ人もしくは非ユダヤ人の殺害を命じたことはない。全然そんなことはしなかったのだ。

（一七）

アイヒマンはまた、自分が追及されても仕方がないのはただユダヤ人の絶滅に「協力し幇助したこと」だけであると繰り返し語った。（一七）彼の自覚しているところによれば、「彼は自分の義務をおこなった。命令に従っただけでなく、法律にも従った」（一〇七）というのだ！

ハンナ＝アーレントは『全体主義の起源』「第二部　帝国主義」において、全体主義の一つの「要素」として官僚制を挙げていた。その的中性は、このアイヒマンの証言に、如実に感じられる。

五、六人の精神医学者がアイヒマンを鑑定したが、アイヒマンは「正常」だと判定された。また、先に見た彼の経歴からわかるように、アイヒマンは狂信的な反ユダヤ主義の持ち主ではなかった。

この裁判の検事たち・弁護人たち・判事たちの誰も、アイヒマンという「精神薄弱でも思想教育されたものでもひねくれた心の持主でもない〈正常〉な人物が、善悪を弁別する能力をまったく欠いているなどということを容認することができなかった。」彼らは、「アイヒマンが時々嘘をつくことから、彼は虚言者だとする結論のほうを選んだ——そうしてこの裁判全体の提起する大きな道徳的、それのみか法律的な問題を取逃がしたのである。」（二〇）

だが、アーレントによれば、アイヒマンは

愚かではなかった。完全な無思想性——これは愚かさとは決して同じではない——、それが彼があの時代の最大の犯罪者の一人になる素因だったのだ。このことが〈陳腐〉であり、それ

> のみか滑稽であるとしても、またいかに努力してみてもアイヒマンから悪魔的な底の知れなさを引出すことは不可能だとしても、これは決してありふれたことではない。（二二一）

というのである。ここに出てくる「陳腐」という言葉が、『アイヒマン』の副題「悪の陳腐さについての報告」となった。

アイヒマンとドイツ社会

では、その「無思想」なアイヒマンは、さらに言えば、どのような人物だったのか。

アーレントは、アイヒマンには「考える能力——つまり誰か他の人の立場に立って考える能力——の不足」（三八）が特徴的だと論ずる。彼は、紋切り型でしか話すことができないから、「アイヒマンとは意思の疎通が不可能である。それは彼が嘘をつくからではない。」言葉と他人の存在に対する、「想像力の完全な欠如という防衛機構で身を鎧《よろ》っているからである。」（三八）

アイヒマンの考え方は「謙虚というにはほどとおい」（四二）ものであり、「彼の記憶はまるで最低の部類の内幕話が一杯に詰った物置のようなものだった」（六四）

アーレントの批判の矛先は、アイヒマン個人から拡大していき、痛烈を極める。つまり、このアイヒマンのような人物は、特殊な人物だったのではない。ナチスの時代においては、アイヒマンはドイツ社会と完全に調和していたのである。

そして八千万のドイツ人の社会は、まさに犯罪者たちと同じ遺方、同じ自己欺瞞、虚言、愚かさ——それらは今やアイヒマンのメンタリティにしみこんでしまっているものだ——をもって、現実と事実に対して身を守っていたのであった。（四〇～四一）

ドイツでは、「自己欺瞞の習慣はきわめて一般的なもの」となった。「戦争中は、ドイツ国民全体に対して最も効果的な嘘は『ドイツ民族の運命を賭けた闘い』というのであった。」（四一）これは、ドイツに独特の〈用語規定〉（Sprachregelung）でもあった。たとえば、「絶滅」を意味する暗号は、「最終的解決」とされた。（六七）「ユダヤ人問題の最終的解決」とは、その皆殺しということなのだ。〈用語規定〉とはつまり、「普通には嘘と呼ばれているもののことだったのである。」（六八）

この手の〈用語規定〉つまり嘘はドイツのみの「専売特許」ではないし、紋切り型でしか話すことができない人間というのも珍しくはないけれども、今その点には触れない。

アイヒマンとユダヤ人指導者たち

アイヒマン個人は、狂信的な反ユダヤ主義ではなかったことおそらくは関連して、ユダヤ人組織の役員たちとの一定のつながりを持っており、ある「協定」が結ばれた。つまり、アイヒマンとブダペストのシオニスト団体の副会長カストナー博士は、「数十万の人々がそこからアウシュヴィッツへ送り出されている収容所のなかで〈平静と秩序〉が保たれるならば、その代償としてアイヒマンは数千人のユダヤ人のパレスティナへの〈非合法〉の出国を許す」(三三)という「協定」であった。簡単に言えば、ユダヤ人社会の指導者のなかに、ナチスに協力する代償に一定数のユダヤ人の出国をナチスから認めてもらうという「協定」に応じた者がいたということである。

　これはしかし、特定の個人に帰せられるべき問題ではなかった。「シオニストだけがドイツ当局と交渉をおこなう機会を持っていたということは、当時にあっては誰もが知っている事実だった」（四六）のである。この「協定」の当初の姿がどのようなものであったにせよ、「ユダヤ人評議会（ユーデンレーテ）のおこなった対ナチス協力」（七）という問題が生じていた。アーレントは、次のように書いている。

　　自分の民族の滅亡に手を貸したユダヤ人指導者たちのこの役割は、ユダヤ人にとっては疑いもなくこの暗澹たる物語全体のなかでも最も暗澹とした一章である。このことは以前から知られていたが、〔中略〕ラウル・ヒルベルクの基礎的労作『ヨーロッパ・ユダヤ人の壊滅』においてはじめてその悲愴な、また恥ずべき委細のすべてにわたって描かれたのである。この協力問題においては、中欧や西欧の高度に同化されたユダヤ人社会と東部のイディシュ語を使う大衆とのあいだに何らの相違もなかった。〔中略〕事実は〔中略〕惨憺たるものだった。たとえばカストナー博士はハンガリアで四十七万六千人を犠牲にして正確に千六百八十四人を救ったのである。（九三）

というのである。

アーレントは、ユダヤ人殺害に対するユダヤ人指導者の「協力」の「事実」を、いろいろな場合に関して指摘していく。この指摘は、アーレントのアイヒマン裁判の報告が『ニューヨーカー』に連載され始めたときから、ユダヤ人団体などからの激しい反発を招いたところであった。この点については、のちにまた立ち返ろう。

ドイツ人への批判とアントン＝シュミット

アーレントは、「自分の民族の滅亡に手を貸したユダヤ人指導者たち」の役割という「事実の指摘」をしたけれども、それだけをアーレントが論じたかったわけではもちろんない。

数々の証拠からして、良心と言えるような良心は一見したところドイツから消滅したと結論するほかはない。しかもそのため、国民が良心というものの存在をほとんど忘れ、外の世界が驚くべき〈ドイツの価値体系〉に賛同しないでいることがわからなくなってしまったほどなのだ。（八二）

アーレントの痛烈なドイツ人批判――「殺人者どもが自由に闊歩していても特別気にもとめなかった」無関心な戦後のドイツ人といった批判――が戦後にも及んでいることは先に見た。しかし、アーレントのドイツ人に対する厳しさには、全く例外がないわけではない。それは、アイヒマン裁判の証人の一人アバ＝コヴネルの証言である。コヴネルは「たまたまドイツ軍のフェルトヴェーベル（曹長）アントン・シュミットの名を挙げた。」アーレントによれば、その証言は、

アントン・シュミットはポーランドで部隊からはぐれて迷っているドイツ兵を拾うパトロール隊を指揮していた。この任務をおこなっているうちに彼はコヴネル氏を有力な一員とするユダヤ人地下組織の人々と出逢い、そして彼は偽造書類や軍用トラックを供給してユダヤ人パルティザンたちを援助したのである。何よりも重要なことに、「彼はそれを金のためにしたのではなかった」。これは一九四一年十月からアントン・シュミットが逮捕され処刑された一九四二年三月まで五ヶ月間つづいた。（一七八）

というのである、そして、アーレントは次のように続ける。

コヴネルがドイツ軍曹長から与えられた援助について語った数分のあいだ、法廷はすっかり静まりかえっていた。それはあたかも、アントン・シュミットと呼ばれる男のために慣例の二分間の黙祷をおこなうことを聴衆が自発的に決めたかのようだった。そして測り知られぬ黒一色の闇になかに突然輝き出た光のようなこの二分間のあいだ、或る一つの考えだけはあらゆる疑を超えて否定しがたく明瞭に人々の頭に描かれた――このような話がもっと語られさえするならば、今日この法廷でも、イスラエルでも、ドイツでも、いや全ヨーロッパで、すべてはどれほど変っていただろうかという考えが。（一七九）

アーレントのアントン＝シュミットへの言及、あるいは賛歌には、付け加える言葉は不要であって、そのまま石碑に刻むこともできよう。その文は、『人間の条件』で語られた「活動」の記録の模範であるかのごとくである。

政治学の必須文献

だが、『イェルサレムのアイヒマン』における賛歌は、これ一つではない。別の賛歌は、デンマークに対するものである。

デンマーク系ユダヤ人の一件は特殊であり、デンマーク国民とその政府の行動は──被占領国であれ、枢軸の一員であれ、あるいはまた真に独立の中立国であれ──ヨーロッパのすべての国のなかで独自なものだった。はるかに強大な暴力手段を所有する敵に対する場合、非暴力的行動と抵抗にどれほどの巨大な潜在的な力が含まれているかを多少とも知ろうとするすべての学生に、政治学の必須文献としてこの物語を推奨したいという気持ちになる。（一三三～一三四）

その「物語」を全部引用すると長大になるので、ごく一部だけを引こう。

ドイツがどちらかといえば慎重に〔ユダヤ人だけが付ける〕黄色いバッジの採用の件を持ち出して来たとき、デンマーク人は国王がまず第一にそのバッジをつけるだろうとだけ答え、そしてデンマーク政府の官吏はどんな種類のユダヤ人弾圧がおこなわれても自分らはただちに転職すると注意することを忘れなかった。（一三四）

この抵抗によって、デンマークのユダヤ人の被害は、わずかなものにとどまったというのである。これに続けてアーレントは、オランダやイタリアの場合なども論じて「比較政治論」を展開しているが、それらについてはさておくとしよう。

デンマークで起こったことは、「真に政治的な意識の、市民権と国の独立の要求およびこの二つのものに対する責任についての生得の理解の結果だった。」（一三九）ここに見られる「非暴力的行動と抵抗」の「巨大な潜在的な力」の強調などを含めたアーレントの言説は、一九六〇年代後半から七〇年代はじめの学生運動の担い手たちを鼓舞し、のちには、八〇年代後半から九〇年代はじめの「東欧革命」に連なっていくことになる。しかし、それはまたのちの時代の「物語」である。

『アイヒマン』へのいくつかの批判

『アイヒマン』が発表されると、数多くの反論・批判が殺到し、その反論だけで一冊の本になるほどである。メアリー＝マッカーシーも、「このアイヒマン騒動は恐るべきです」とアーレントへの手紙（一九六三年十月十九日）に書いていた。アーレントの『アイヒマン』への批判については、同書の日本語訳に大久保和郎氏が付けた「解説」に詳しい。それによれば、アーレントへの批判には、大体三つの論点があるという。第一は、反ヒトラー抵抗運動に対するアーレントの冷たい否定的な評価に関わる。第二は、ユダヤ人の協力の問題に関わる。第三は、アイヒマンの地位と責任の度合いに関してである。ここでは、第二の点についてだけ書いておこう。

ユダヤ人評議会のナチスへの協力という指摘は、アーレントが「発見」したわけではなく、先に引用したように、ヒルベルクの大著で詳細に描かれた（アイヒマン、九三）のであった。さらに、この指摘自身も、アーレントにとってまったく初めてということではなかった。すでに『パーリアとしてのユダヤ人』所収の一九四〇年代の論文などで、この指摘につながるようなことが言及されていた。にもかかわらずアーレントの『アイヒマン』が攻撃されたのは、一方では『ニューヨーカー』という雑誌のメディアとしての威力ゆえであろうし、他方では、アーレント自身がすでに有名人であったゆえといえよう。

アーレントはこの攻撃に直接反撃することはしなかった。しかし、のちに「真理と政治」（一九六七年発表。のちに『過去と未来の間』所収）という論文のなかで、抽象的な叙述ながら反論した。

アーレントは、この論文のなかで、特定の政治状況の下では、事実の指摘そのものが政治的に大きな意味を持つものだと論じた。彼女は、「今日では事実の真理がたまたま既存の集団の利益や快楽に対立するや、以前にもまして激しい敵意で迎えられる」と書き、次のように続けている。

　わたしが考えている事実とは、公に知られているにもかかわらず、それを知っている公衆自身が公然と口にすることを巧みに、またしばしば自発的にタブー視し、実際とは別様に、すなわち秘密であるかのように扱いうる事実である。〔中略〕（ヒトラーのドイツやスターリンのロシアにおいてさえも、反ユダヤ主義や人種主義、共産主義に関して「異端的な」見解を支持したり口に出すよりも、その存在が決して秘密ではなかった強制収容所や死の収容所について語ることのほうが危険であった。）（過去と未来、三二〇）

というのである。つまり、ユダヤ人評議会のリーダーたちのナチスへの協力は、「決して秘密ではなかった」けれども、その言及自体が「激しい敵意で迎えられる」のであって、『アイヒマン』がまさしくその典型例だということになる。

事実の指摘自体が敵視されるというアーレントの状況認識は、今日の日本にもあてはまる側面（例えば「南京大虐殺」などに関すること）があり、そうした認識の普遍性がアーレントの著作の魅力の一部ではあるけれども、日本の状況についてはここでは立ち入らない。

奇妙な幸福感

『アイヒマン』の「語り口」に問題があるかのようにいう人もいる。たしかに、その語調は痛烈を極め、辛辣さに満ちているところがある。だが、その「語り口」がこの本全体を貫いているわけではない。アーレントがアントン＝シュミットのことを語るとき、辛辣な語調は露ほどもない。

また、『全体主義の起源』には、「忘却の穴」（Ⅲ、二二四）のことが印象深く語られていた。しかし、この「忘却の穴」は、実際には存在しないと、『アイヒマン』のアーレントは書いた。

この「変節」はしかし、当然である。闇のなかの光であったアントン＝シュミットのことやデンマークのことは、「忘却の穴」に入るべきではないし、入るものでもない。闇のなかの光の存在を示すために、アーレントは『アイヒマン』を書いたともいえる。

メアリー＝マッカーシーは、自分にとって『アイヒマン』は、そのなかにあらゆる恐怖にもかかわらず、道徳的に心浮き立たせるものがあったこと、そのなかに「超絶の賛歌」を聞いたと告白した。[9]これに対してアーレントは、「この本を奇妙な幸福感を覚えながら書いたこと」を、そして、「これを書いてからというもの、〔戦後〕二十年目にしてはじめて、私はこの問題について心が軽くなれたということ」をマッカーシーに語った。（一九六四年六月二十三日付）

アーレントはどこに「奇妙な幸福感」を感じ、何によって「心が軽く」なったのだろうか。それは、マッカーシーが聞いた賛歌の場合と重なるところがあるだろう。その賛歌は、アントン＝シュミットのことやデンマークの対応など、恐怖に満ちた物語における輝くものの記録に由来するとは言えよう。

メアリー＝マッカーシー
Special Collections, Vassar College Libraries提供

『全体主義の起源』再考

だが、アーレントの「心が軽く」なった理由は、やはりアイヒマンその人の観察

と裁判記録の通覧に由来すると思われる。では、「心が軽く」なる前の心の「重さ」はどのようなものであったか。

『起源』において全体主義を成立させる要素としての「大衆社会」について論じたアーレントは、この大衆社会の考察にデイヴィッド＝リースマンの『孤独な群衆』（一九五〇年）[10]を援用した。そのリースマンは、『起源』について詳しい書評を書き、そのなかで、『起源』では、スターリンとヒトラーの所業が自分（リースマン）が思う以上に計画的だとされていると論じた。（YB、二五二）

アーレントの把握によれば、ナチスの人種主義やスターリンの「弁証法的唯物論」というイデオロギー（あるいは「形骸化」したイデオロギー）にからめ取られた人びとは、「硬直し狂気じみた首尾一貫性に身を捧げる」。（Ⅲ、八二）その人びとは具体的な経験から学ぶということがなくなり、万事を彼らのイデオロギーから演繹的一貫性でもって処そうとする。万事がそうだとすれば、事はすべからく基本的には実に「計画的」に運ばれる。全体主義の「イデオロギー」から「テロル」が必然的に帰結する、ということになる。これではまるで光の見えない闇である。一方で、全体主義の下では万事が「計画的」だと考え、他方で、ドイツは降伏したけれどもスターリンはまだ死んでいないし、大衆社会状況の深まりによって全体主義は再現してくるかもしれないと考えると、恐怖におののく以外にない。これは精神的な金縛り状態だといえるし、悪夢から醒めることがないともいえる。『起源』におけるアーレントの把握は、これに近かった。その点を、リースマンは衝いたのであった。

アイヒマン裁判でアイヒマンの証言に耳を傾け、その裁判記録も克明に読んだアーレントは、アイヒマンが全体主義のイデオロギーに完璧にからめ取られていたわけではないことを思い知らされた。この経験を通じてアーレントは、自分が囚われていた底知れぬ恐怖感や精神的金縛り状態が和らいだことを感じた。これが、心が軽くなったとアーレントが語ったことの意味であろう。

笑うアーレント

先に、アーレントが、アイヒマンの「完全な無思想性」が「〈陳腐〉であり、それのみか滑稽であるとしても」とした記述を引用した。この「滑稽」というところは、ガウスによるアーレントへのインタヴューの一節を想起させる。そのなかで、彼女は、

わたしは本当にアイヒマンのことを道化役者のようだと思いました。わたしは三六〇〇頁に及ぶ警察尋問を非常に綿密に読みましたが、その際何度笑ったことでしょうか。しかも、声をあげてです。こういう反応のことでわたしに対してひとびとは感情を害するのです。それに対してては何もできません。しかし、わたしは自分が死ぬ間際までそれについて笑えるだろうと思っています。(「何が残ったか」一六七)

と語っている。

アイヒマン証言に接してみると、全体主義は、すべてにわたってそのイデオロギーの必然的帰結

であったわけではなく、「無思想性」の結果でもあったことになる。まるで「無思想」で道化のような人間によってナチズムが担われていたことが判明したとき、それは笑う以外に対応しようのないものであった。

アーレントの恐怖感が和らぐとともに、『起源』で述べられた「忘却の穴」や「根本悪」の位置づけも変化する。全体主義の所業が徹頭徹尾必然性を持って貫徹されるのであれば、それは「根本悪」の結果でもあるし、「忘却の穴」もその暗黒の口を大きく開くであろう。しかし、「自分は命令に従っただけだ」と語ってはばからないアイヒマンのような輩が「根本悪」の担い手なのであろうか。他方、アントン＝シュミットのことやデンマーク国民のナチへの対応は、断じて「忘却の穴」に落ち込んではならない。とすれば、「根本悪」や「忘却の穴」の位置づけも変わるだろう。

「根本悪」についての疑問

アーレントは『アイヒマン』で「根本悪」という観念を捨てた。しかし、この点については、アーレントの友人で哲学者のJ・グレン＝グレイは疑問を提起した。被告席にいたのが、もしアイヒマンでなく、ナチスの政策遂行に重大な役割を演じたゲッベルス（一八九七〜一九四五）だったとしたら、それでもアーレントは「悪の陳腐さについて」という副題を付けたであろうか、と。（YB、三七〇）ゲッベルスは、ベルリン陥落直前に、総統官邸で家族とともに自殺したのであるから、ゲッベルスが被告席に着く可能性自体は皆無ではあるのだが、思考実験として鋭い指摘であったといえよう[11]。

また、ヤスパースは、アーレントへの手紙（一九六三年十二月十三日付）で、アイヒマンという男の悪は陳腐だが、悪自体が陳腐なのではないと書いた。

ヤスパースのこの指摘に、アーレントが直接的な形で応じた形跡は見当たらないようであるが、『起源』と『アイヒマン』における「根本悪」のズレという問題として残された。それは決して一カテゴリーの問題にとどまらず、全体主義のイデオロギーが全体主義の担い手をどれだけ捉えていたのかとか、「無思想性」が現実の社会のなかでどのような役割を果たすことになるかといった点にも波及する問題である。

だが、これは、「根本悪」や「忘却の穴」を全体主義の基本性格に関わるものとした『起源』と、必ずしもそうでない『アイヒマン』のいずれかが誤っているということではなくて、全体主義は両方の側面をもっているのであろう。

「忘却の穴」に落ち込んだものを掘り起こそうとすると、そんなものは存在しないと言い張って「忘却の穴」を維持しようとする勢力が、今もなお存在するのである。

『アイヒマン』の意義

『アイヒマン』のなかでアーレントは、各地からのユダヤ人の「移送」とか、東欧各地域におけるユダヤ人の扱いなどにも、迫力ある記述を展開しているが、ここではそれらの記述に立ち入ることはできない。アーレントがそれらの記述に与えようとしていた意義については次のように説明されている。

一度おこなわれ、そして人類の歴史に記された行為はすべて、その事実が過去のこととなってしまってからも長く可能性として人類のもとにとどまる。これが人間のおこなうことの性格なのである。（アイヒマン、二一〇）

というのである。この言葉を借りれば、彼女はアイヒマンという人物の行為とそれに関わることを記録したと確信し、それが人びとに記憶されることを、そしてその記憶を通じて全体主義の再現のないことを願ったのであろう。

だが、話はそこにとどまらない。というのは、アイヒマンのような人物は、ナチスの下でのみ存在するというわけではないからである。アーレントは、次のように書いている。

アイヒマンという人物の厄介なところはまさに、実に多くの人々が彼に似ていたし、しかもその多くの者が倒錯してもいずサディストでもなく、恐ろしいほどノーマルだったし、今でもノーマルであるということなのだ。われわれの法律制度とわれわれの道徳的判断基準から見れば、この正常性はすべての残虐行為を一緒にしたよりもわれわれをはるかに慄然とさせる。

というのである。確かに慄然とさせる。なぜなら、「人類の敵」である「この新しい型の犯罪者は、自分が悪いことをしていると知る、もしくは感じることをほとんど不可能とするような状況のもと

でその罪を犯していることを意味しているからだ。」(二一三)

ここでアーレントが書いた「新しい型の犯罪者」というのは、直接にはむろんナチズムのもとに現れた人間を指してはいるけれども、アーレントも言うように、同じようなタイプの人間は、今に至るも厳然と存在して、「命令に従っただけだ」とうそぶいている。現代の「超」大衆社会における人間は、どのような「陳腐」なことをしているのか。そうしたことを考えさせる含みを、アーレントの記述はもっている。

アイヒマン裁判のドキュメンタリー映画『スペシャリスト』が日本でも公開された。その製作にうち込んだロニー＝ブローマンとエイアル＝シヴァンの著作『不服従を讃えて』の言葉を借りれば、アイヒマンは「愚か者ではないのだが、自発的に行う行動は上司から受け取った指示の範囲内に限られる」のであった。[12]

すなわち、アーレントの論の射程は、まさに現代に及ぶのである。

三　『革命について』

ハンナ＝アーレントは、『イェルサレムのアイヒマン』の単行本出版と同じ一九六三年に『革命について』を発表した。

それは、十八世紀におけるアメリカ革命とフランス革命との比較革命論という体裁をとっている。そして、「アメリカ革命の成功を当然のことと考える一方、フランス革命の人びとの失敗を批判するというのは不公平もこのうえないであろう」（革命、一〇三）と書きつつ、その「不公平もこのうえない」ことを主張しようとした本だとしている[13]。

アーレントは、ヤスパース夫妻への手紙（一九六一年十二月三十日付）で、この本をほぼ書き終えたこと、出来映えはよいと思っていることを告げ、「私が行うことができたと感じていることは、ヨーロッパの人々がほとんど知らないアメリカについての基本的な諸事実を明白にすることです」と内容を紹介し、ヤスパース夫妻にこの本を献じたいと、その意向を打診している。

そして、その了承を受けて、アーレントはこの本をヤスパース夫妻に捧げた。

『革命について』の時代背景　アーレントは、「今日われわれが生きているこの世界にたいする革命の政治的意義」、あるいは、「革命とは何か」を知ろうと思うなら、「フランス革命とアメリカ革命に眼を向けなければならない」（革命、六〇）と書いた。このことがその通りであるとしても、ではいったいなぜ、十八世紀の二つの革命の研究をしなければならないのか。

その背景には、冷戦が「核軍拡競争」によって一段と深刻なものになっているという認識（一九）があった。一九五〇年代は米ソ間で水爆実験が繰り返され、その運搬手段の開発が重ねられた時代であった。そのような時代に、「核兵器の恐怖と全体主義の脅威」を、思想史的レベルで考察しようというわけである。

アーレントはこの本で、フランス革命を失敗した革命として描くのだが、その規定と、「レーニンはフランス革命の最後の相続人であった」（一〇〇）という把握とを併せれば、フランス革命批判が実は社会主義革命批判だということは明白である。

『革命について』が準備された五〇年代末から六〇年代初頭は、中国革命も「成功」したばかりの時代、その中国革命を「モデル」にしようという発想の人々の動いている時代であった。

フランス革命とロシア革命が重なるものとしてイメージされていたことは、アーレントの次の記述に、まことによく表現されている。

ロベスピエールの恐怖政治は、フランス人全体をただ一つの巨大な党機構――「偉大な人民協会はフランス人民である」――のなかに組織し、それを通して、フランス全土にジャコバン・クラブの党細胞の網を張りめぐらそうとする試み以外の何ものでもなかった。その課題はもはや、討論や意見交換、公的事柄についての相互教育や情報交換ではなく、互いにスパイしあい、会員、非会員を問わず、密告することであった。

このようなことはロシア革命の過程を通じてよく知られるようになった。ボリシェヴィキ党は、これとまったく同じ方法で革命的なソヴィエト制度を弱め、堕落させたからである。（三九六）

アメリカ革命の成功とフランス革命の失敗

アーレントの革命論は、『人間の条件』と密接に結びついている。革命は、同書に言う「行為」と結びつくものであって、そこにとどまっていなければならない。もし革命が「労働」や「必要」や「必然」に結びつくと必ず失敗する、ということになる。

「アメリカ革命の人びと」にとっては、「権力は、人びとが集まり、約束や契約や相互誓約によって互いに拘束しあうばあいに実現するものであった。互恵主義と相互性にもとづくこのような権力だけが真実の正統的権力であった。」（二九四）こうした権力の樹立が、革命の成功を意味する。

革命の目的は自由（フリーダム）であり、「自由の創設」である。「アメリカ革命の中心問題は、権力ではなく権威の樹立と創設となった。」（二七五）それは、「アメリカ憲法」によって実現された。つまり、「共和政の構造そのもののなかに、公的見解を形成するための永続的な制度をつくりあげ」（三六九）たのだった。

他方、フランス革命は、社会的問題、貧困の解決の問題に入り込み、「統治の形態」の問題を乗り越えて「社会の秩序」（一〇四）の問題に向かった。だが、

> フランス革命の経験が意味したのは、疑いもなく、群衆の倍増された力は、貧困の圧力のもとに、制度化され統制された権力も抗しがたい暴力として爆発しうるということであった。しかしこの経験は、あらゆる理論とは反対に、このような倍増された力は権力を生み出さないということ、そして、前政治的状態にある力《ストレングス》と暴力は流産に終わるということも教えたのである。フランス革命の人びとは、暴力と権力をどう区別するか知らないままに、全権力は人民からくるものでなければならぬと確信していた。（一九四）

このようなフランス革命批判は、ロシア革命批判と重なっていく。

> 過去の革命の記録全体が、疑問の余地がないほどはっきりと示しているように、社会問題を政治的手段で解決しようとする試みはいずれもテロルを導き、ひるがえってそのテロルこそ革命を破滅に追いやるのである。（一六六）

というのであって、この引用は、ここだけみれば、フランス革命批判なのかロシア革命批判なのか

区別が付かないほどに、両者は重なりあう。ここにいうテロルが、ロシアでどんなに巨大な役割を演じたかは、『全体主義の起源』が詳細に明らかにしたところであった。

評議会とは何だったか

これだけの話であるならば、『革命について』は、社会主義革命批判・アメリカ革命礼賛ということになる。しかし、話はそれだけではない。この本には、「評議会」に対するアーレントの高い評価がある。では、アーレントのいう「評議会」とは何か。

「評議会」は、「自由の空間」(四二〇)であり、「政党とちがって、必ず革命そのものを通じて出現しており、活動と秩序の自発的機関として人民から発生したものである。」(四二九)それはすでにフランス革命のなかで、「自発的につくられた多くのクラブや協会」(三八六)つまり「人民協会《ソシエテ・ポピュレール》」として姿を現していた。それは、「公的精神」の場であり、「思想と言論の自由に固有の多様性」(三九三)が発揮される場であった。しかし、この評議会的な「人民協会」に対して、「絶対権力を追求するジャコバン派」が闘争を挑んだ。ジャコバン派は、「統一した世論」を求めたのである。

評議会は、フランス革命において現れただけではない。それは、パリ・コミューン(一八七〇年)におけるコミューン制度としても現れた。マルクスが『フランスの内乱』(一八七一年)のなかで、これを「ついに発見された政治形態」として高く評価したことは有名である。けれども、アーレントは、マルクスがこのコミューン制度に対する評価をまもなく変化させたことを見逃さず、それを注記している。変化したあとのマルクスの評価は、「共同体の自由とか自治などにかんする民主主義的おしゃべり」（四五二）にすぎない、というのであって、つまりは「プロレタリアートの独裁」と矛盾するということである。（四一〇）

逆にいえば、「共同体の自由とか自治などにかんする民主主義的おしゃべり」が、評議会の核心にあるということになろう。

二十世紀における評議会

アーレントの論は、二十世紀の評議会にも伸びる。その一つは、一九二一年三月に始まる「クロンシュタットの反乱」である。『全体主義の起源』でアーレントが高く評価したスヴァーリン『スターリン』の記述を借用すれば、この反乱者たちによって、

ソヴィエト憲法とボルシェヴィキ十月綱領の精神にのっとり、ソヴィエトの自由選挙、労働者・農民・左派社会主義者・無政府主義者・組合にたいする言論・出版の自由、労働者・農民・政治囚の釈放、共産党の特権廃止、労働者への平等な食糧配給〔中略〕を要求する決議が採択された。(14)

というのである。しかし、共産党権力は、この要求に耳を傾けず、弾圧した。アーレントによれば、

ここに、評議会つまりソヴィエトと共産党との間の矛盾があったのである。[15]

アーレントは、一九一八年・一九年のドイツにおいて構成された「労働者兵士評議会」（アルバイター・ウント・ゾルダーテン・レーテ）についても言及している。ハインリヒ＝ブリュッヒャーは、まさしくこのドイツ革命時代のレーテの参加者・目撃者であって、その体験はアーレントに伝えられるとともに、二人の間でレーテの意義について徹底的な討論がなされたことであろう。

第二次世界大戦後に関しては、アーレントは、一九五六年の「ハンガリー革命」（革命、四一七）における評議会について論じている。多くの場合、「反ソ暴動」とか「ハンガリー動乱」とかよばれるこの事件を、アーレントは、「ハンガリー革命」という。そこで「評議会」が大きな役割を演じたからだというのがアーレントの見方であって、そこでは、「評議会のメンバー」は、「はっきりと自分でも意識して、国の公的問題に全市民が直接参加することを望んでいた」（四一八）という。

このような視角は、アメリカにおける公民権運動やベトナム反戦に関連する彼女の諸論文（『過去と未来の間』『暴力について』に所収）につながっていく。

このように見れば、アーレントの議論が単純な「反共主義」でもなければ「アメリカ礼賛」でもないことは歴然としている。

「アメリカ革命」礼賛とアメリカ批判　アーレントにとって、フランス革命批判は基本的には社会主義革命批判ではあった。と同時に、アメリカ革命の肯定は、アメリカ革命以降の「評議会」の肯定でありつつ、同時に、短命に終わったとはいえ、フランス革命期の「人民協会」から、パリ・コミューンのなかで「ついに発見された」コミューン制度や「クロンシュタット」を通って、「ハンガリー革命」に至る「自由の空間」の肯定でもあった。その「自由の空間」把握は、現実のアメリカ社会批判を含み込んでいく。

『革命について』におけるアメリカ批判には、大まかにいって二点がある。

第一は、アメリカ外交政策に関わる。フランス革命型＝ロシア革命型革命だけを革命だと考え、アメリカ革命などというものは論ずるに足りないと信じているお歴々は、革命と聞けば恐ろしいものと感じている。そのため、「革命の恐怖は、現状の安定をしゃにむに図ろうとするアメリカの戦後外交政策の隠れたライトモチーフであって、その結果、アメリカの国力と威信は、ずっと前から自国民の憎悪と侮蔑の対象となっている時代おくれの腐敗した政治制度を支えるのに用いられ、また誤用された」（三五三）というのである。ここではおそらく、一九五〇年代前半のアメリカで猛威を振るったマッカーシズムなどが念頭におかれているのであろう。

第二は、アメリカ人の自由の把握に関わる。「アメリカの夢はアメリカ革命の夢――自由の創設――でもなければ、フランス革命の夢――人間の解放――でもなかった。不幸にして、それはミル

クと蜜の流れる『約束の地』の夢であった。」（二一一）
「約束の地」で生きることが自由だと、多くのアメリカ人は考えているようである。しかしながら、「自分の欲望に専心して生きる人びとに自由はやってこない、というのも同様に真実である。」（二一一）「アメリカ人は自由とは自由企業のことだと思っているとだれかがいっても、われわれはこのような奇怪な虚言を打ち消さなかった。」「自由企業というのはこの国にのみ許された混じりけのない恩恵であって、その最良の条件のもとにおいてさえ、言論・思想の自由、集会・結社の自由のよう な、ほんとうに政治的な自由にくらべれば、小さな恩恵にすぎない。」そしてアーレントは次のように続ける。

経済成長は、いつか、善いことではなく呪いになることもありうるし、どんな条件のもとであれ、自由をもたらしたり、自由の存在を証拠だてたりするものではありえない。（三五四）

つまり、「今日、大衆社会のなかで政治的領域は死滅し」（四三〇）ているのではないか、というのが一九五〇年代末から六〇年代初頭にかけてのアーレントのアメリカ把握であったのだ。現状はアメリカ革命に関する「記憶喪失とそれにともなう無理解」（三五三）の広がるところとなっている。そして、現実には経済成長が「呪いになること」などまるであり得ないかのような風潮が、アーレントのいう「奇怪な虚言」を正常とみるような意見が、現代の世界を遍《あまね》く被っている。

「独立的思考」の結果

アーレントは書いている。「総選挙もなく、出版と集会の無制限の自由もなく、意見の自由な抗争もないのでは、あらゆる公的制度は生命を失い、単なる外見上だけの生命となりはてるだろう。そしてそこではただ官僚制だけが積極的な要素として残ることになるのである。公的生活は次第に眠り込」(四五五)む、というのであるが、これは何を念頭において書かれたものか。

これは、アーレントによるローザ＝ルクセンブルクの論文「ロシア革命論」からの引用である。(16)そうではあるけれども、このローザの言葉がアーレント自身の革命論の言葉だとしてもさほど不自然でないことは、これまでの『革命について』の素描から、明白ではなかろうか。アーレントは、『全体主義の起源』第二部ではローザ＝ルクセンブルクの帝国主義論(『資本蓄積論』)を引用したが、ここではローザの政治的発言を援用している。

このローザの批判の矛先は、当然ながらロシアの革命権力に向けられたものであった。アーレントは、ローザはなるほどスターリンの全体主義権力の恐怖を予見することはできなかったけれども、ここに書かれた批判は「フルシチョフ下のソ連のリアリスティックな描写のようだ」と評している。まことにその通りであろう。

それにしても、このローザの批判が当てはまるのは、悲しむべきことであろうが、「フルシチョフ下のソ連」だけではないのは論ずるまでもないし、引用の最初の「総選挙もなく」を除外すれば、国会議員の数だけがものをいい、「公的生活」が眠り込んだ国は、他にもある。アーレントによれば、アメリカ革命の物語は、「くり返し何度も語りつづけられないかぎり」空虚のなかに沈んでしまう。（三五八）

経済成長を絶対視し、「豊かさと消費に夢中になっている社会の軽薄な道化」にとっては、「公的幸福と政治的自由という革命的観念」（二〇九）など、戯れ言以外の何ものでもないかもしれない。しかし、それは本当に戯れ言かと問いかける力を、アーレントの考察は、現代においてもなお有している。

アーレントは、『イェルサレムのアイヒマン』に対するゲルショーム＝ショーレムの非難に対して、自分は、「いかなる組織にも属さず、いつも自分自身で語っている」（アーレントからショーレムへ、一九六三年七月二十四日付）[17]と応じた。そのようなアーレントの書いた『革命について』は、現実に存在するアメリカへの賛歌とか、ましていわんや何らかの組織に対する「プレゼント」などではいささかもなく、アメリカ「建国の父祖」たちの思想への熱中が生み出した「独立的思考」の結果であった。

アーレントの時事評論

アーレントは、『人間の条件』（一九五八年）、『革命について』『アイヒマン』（一九六三年）などの本を出版したが、五〇年代から六〇年代にかけて、『過去と未来の間』(一九六一年。「拡大版」は一九六八年)、『暗い時代の人々』や『共和国の危機』(一九七二年)に収められることになる論文を書いた。[18] 彼女自身は『過去と未来の間』を自著の「最高傑作」と考えていた。

それらの論文には、『暗い時代の人々』に収められたさまざまな伝記的なものも少なくないけれども、時事的な問題に関する論文も多い。

アーレントは、アメリカ社会で現実に起こっていて、自ら「これが問題だ」と考えることに、おのが哲学の基本範疇を携えて立ち向かった。一例を挙げれば、「教育の危機」論文(一九五八年発表、『過去と未来の間』所収)がそうである。ここでアーレントが直面していた課題は、この論文のなかに「エスニック・グループ」云々という箇所があることから、五〇年代後半のアメリカで問題になった黒人と白人の教育の場における統合問題などであったと解せられ、いわば、ごく時事的な政治問題であった。

しかし、政治的・時事的な問題を扱っている記述の中にも、より普遍的な記述が含まれていた。例えば、「教育の危機」論文には、カントも論じたコモンセンス(共通感覚)への言及がある。

今日における共通感覚の消失は、現在の危機の最も確実な徴候である。危機に直面するごとに、われわれすべてに共通のものである世界が少しずつ破壊される。(過去と未来、二四〇)

というのである。このように、時事的性格の強い問題を論じつつ、それを普遍的な考察と関連させるという彼女の姿勢は、『共和国の危機』（日本語訳では『暴力について』）所収論文（公民権運動やベトナム反戦運動や学生運動などの高揚期だった一九六〇年代後半から七〇年代初頭の論文「政治における嘘――ペンタゴン・ペーパーズについての省察」「市民的不服従」「暴力について」など）にも連なっていく。

哲学史的考察に向かうアーレント

ここにその一端を紹介したような政治的・時事的なテーマの論文を書いていたアーレントであるが、一九七〇年代に入る頃から、彼女の眼は、政治的事件などの「外的」なものに向けられただけではなく、『全体主義の起源』や『人間の条件』と密接に関連するような哲学史的考察にも向けられていく。

『革命について』と関連する哲学史的考察の例を一つ挙げれば、真理と意見の問題がそれに当たる。アーレントは、フランス革命における「人民協会」とジャコバン派との対立に触れているが、これは「意見」と「真理」の対立でもある。ジャコバン型立場は、おのが政治的立場を絶対視するが、それは「真理」を絶対化するのと同じメンタリティのなすわざである。ルソー型「一般意志」の立場といってもよい。

これに対し、さまざまな立場の人々の存在を前提とする「人民協会」型では、これが絶対的真理だというものは存在しない。存在するのは、さまざまな「意見」だけである。「意見は、意見と意見の交換の過程で形成されテストされる以上、意見の相違は、その目的のために選ばれた人びとの団体を媒介することによってのみ調停される」（革命、三六八）ということになる。これが評議会型であり、アメリカ革命の立場につながることは明白である。

これが、「意見」対「真理」という哲学史上の問題との接点になる。アーレントは、真理と意見を二つの立場の象徴と見る。自己の見解を「真理」と考えれば、他人もそれに従うべきだ、真理は強制してもよい、という立場が生まれる。ジャコバン型＝レーニン型だ。他方、「意見」の重視は、意見の交換やコミュニケーションの重視につながり、「判断」の問題とも関連する。

こうなると、人間の理性の能力を再検討するという課題が浮上してくる。こうして、カント『判断力批判』の検討が、『カント政治哲学の講義』として登場することになった。

四　『カント政治哲学の講義』と『精神の生活』

一九七〇年代に入る頃からアーレントは、その仕事の軸を哲学史的考察に移すようになり、講演や講義を行った。だが、彼女は、それらを自ら書物として出版するには至らず、残された講義ノートや原稿は、死後にまとめられて出版された。それが、『カント政治哲学の講義』と『精神の生活』である。

アーレントは、一九七〇年秋学期にニューヨークにあるニュー・スクール・フォー・ソーシャル・リサーチ[19]において「カント講義」を行なった。アーレント自身によっては出版されないまま残された「講義ノート」が、ロナルド＝ベイナーによって編集され、『カント政治哲学の講義』として一九八二年に出版された。

一九七三年春、アーレントは招待を受けてスコットランドのアバディーンにおけるギフォード講座[20]で講義（第一部・思考）を行った。翌七四年春にも同講座での講義（第二部・意志）が予定されていたが、アーレントはこの講義の第二部を一回行っただけで、心臓発作のために中断を余儀なくされ、再びこの講座に姿を現すことなく世を去った。講義録及びその後にアーレントが執筆した原稿が残され、アーレント急逝のあと、メアリー＝マッカーシーがそれを『精神の生活』として編集し、一九七八年に出版した。その「編集」の内容や過程については、マッカーシーの「編者あとがき」に尽くされている。

『カント政治哲学の講義』と『精神の生活』は、どちらも哲学的あるいは哲学史的考察である。こうした考察は、一九七〇年前後に至ってはじめて登場したものではなく、『人間の条件』『革命について』『過去と未来の間』『イェルサレムのアイヒマン』のいずれにおいても見られたところである。アーレント自身がハイデガー、フッサール、ヤスパースに学んだという経歴に照らせば、このような考察がなされるのは当然のことといえるかもしれない。しかし、アーレントのそれまでの著作には、哲学的・哲学史的考察がさまざまに含まれているにしても、そうした考察自体が主題となっていたわけではない。その意味で、『カント政治哲学の講義』と『精神の生活』は、それ以前にアーレントが出版していた本とはテーマとしてかなり異質な印象を与える。

ニュー・スクール・フォー・ソーシャル・リサーチ　New School University 提供

アーレントのカント『判断力批判』解釈の始まり

本書でこれまで見てきたように、『起源』には通常の意味での哲学史的記述はほとんど見られない。今、話をカントに限るとして、カントへの言及が少なくない『人間の条件』(一九五八年刊)でも、『判断力批判』に直接言及する箇所はなさそうである。こう書くと、『人間の条件』にも『判断力批判』第一部にも、有名な「コモンセンス」(共通感覚)論があるではないか、という反論がありそうだ。しかし、『人間の条件』第三十九節におけるコモンセンス論は、この語のギリシア的用法もふまえつつデカルトに即して論じられており、デカルトにおける「後退する共通感覚」(ホワイトヘッド)が批判されている。そして、その批判の先駆者としてヴィーコの名前が注記されているけれども、カントへの言及は見あたらない。

それに対し、五〇年代末から準備された『革命について』(一九六三年刊)には、「判断の本質的性格」などについて何か学ぶつもりなら「カントの哲学に眼をむけなければならない」(革命、三七一)とあり、どのテキストという指摘はないにせよ、『判断力批判』が念頭にあることはほぼ確かである。また、「文化の危機」論文(一九六〇年。のちに『過去と未来の間』に収録)でも、カントの『判断力批判』の第一部「美的判断力批判」は、「カントの政治哲学のうちで、おそらくは最も偉大で最も独創的な面を含んでいる」(過去と未来、二九六以下)とされるに至る。ただし、カント自身が『判断力批判』を政治哲学と理解していたわけではないことはアーレント自身も認めており、(政治哲学講義、三二八)その意味でもユニークなカント解釈ではある。

ユニークという意味は、次のようなことである。カントの政治哲学と聞いて連想する著作は、常識的にはまず『永遠平和のために』『啓蒙とは何か』などであって、アーレントが取り上げる『判断力批判』第一部は、美について論じたもので政治とはほとんど関係がないと考えるのが普通であろうからである。だが、教科書的なカント解釈からすれば意表をつくこの見解が、先に触れた「真理と政治」論文や『カント政治哲学の講義』にもつながっていく。アーレントのユニークなカント『判断力批判』解釈がいつ成立したにせよ、彼女のカント解釈は、『起源』や『人間の条件』の問題意識に、つまり「政治」とは何か、「自由」とは何かなどの問題に、広い意味で関わっている。

「カントの書かれざる政治哲学」

アーレントの『カント政治哲学の講義』に、

　カントは政治哲学を書き残していないので、この問題について彼がどう考えていたかを知るには、彼の「美学的判断力の批判」に向かうのが最良の方法である。（政治哲学講義、九三）

とある。「ヒュームが若きカントを独断のまどろみからよび醒まし、ルソーが壮年のカントを道徳的まどろみから目ざませた」ように、アメリカ革命とフランス革命とが、カントを「政治的まどろみからよび醒ました」（同、一九）とアーレントは言い、その証拠として『判断力批判』第六五節の注をあげている。[21]

　さて、『判断力批判』第一部「美的判断力」の部分は、カントの言葉によれば「趣味判断」の問題を扱う。この分野では、他の誰かを、「これは美しい」とか「これは間違っている」といった、自分の判断について同意するよう強制することはできない。つまり、人は他の皆の同意を「せがむ」か「乞い求める」ことができるだけである。そして実際に人はこの説得活動において「共同体感覚」に訴える。（政治哲学講義、一一二）

アーレントは、この「同意」「説得」といったカントの「趣味判断」のカテゴリー（範疇）を、ギリシアのポリスについての把握を媒介にしつつ、政治的カテゴリーに転用していく。

ギリシア人は、「他者を納得させ説得する言論」を、典型的に政治的な形式とみなしていたと、アーレントは言う。（過去と未来、三〇一）「説得」が暴力による意見の強制と異なるのは言うまでもなく、全体主義はイデオロギーを暴力・テロルによって貫徹させるものであるから、アーレントにとっては、これは「政治」ではなく、「政治」の反対物、反政治に他ならない。

また、「説得」は「暴力によらない強制、つまり真理による強制」とも異なる。政治の観点から見ると、「真理は強制的」（政治哲学講義、一〇九）である。自分や自分たちのグループを「真理」の体現者だと考える人は、その「真理」は討論を経る必要のないものだ、「問答無用」だと考える。自分の「真理」と異なる「意見」を述べる人に対しては、罵倒するか、口先だけは「ご理解を得たいと考える」などと言い、討論とは別次元の手段を使って「真理」を推進するだけである。

こうして、「意見」「言論」「説得」「自由」が、重要な「政治」範疇として浮かび上がってくる。

この見方は、「ソクラテスが哲学者なるものの典型となったのは、ソクラテスが市場に現われたすべての人を相手にしたからである」（政治哲学講義、五二）という哲学観に連なる。すべての人を相手にするとなれば、まさにコミュニケーションが重要なのである。

「多数性」「コミュニケーション」「コモンセンス」「意見」「自由」などの範疇が、『人間の条件』に考察された「活動」と密接に関連していることは明瞭である。また、この議論が、先にみた「真理」と「意見」の対比、のちにみる「哲学者」と「著述家」の対比に連なることも歴然としている。[22]

このように見ると、アーレントが「政治」の本質を考えるのにカント『判断力批判』第一部に手がかりを求めた理由も明らかになる。そこに登場する「趣味判断」の特質は、複数の趣味判断が成立するということであって、そこでは、これが絶対的だという真理などはない。政治における「意見」も、趣味判断と同様、あくまで「意見」であって、「真理」と称し得るものではない。これは、哲学上の現象学の見地に連なる側面をもつけれども、アーレント自身がここで現象学との関連を書いているわけではないので、その点にはここでは立ち入らないことにしよう。

全体主義論との関連

アーレントの『カント政治哲学の講義』に、全体主義との関連で、前提から結論を引き出すことを可能にする能力である論理的能力は、コミュニケーションを欠いても機能しうるであろう、ということである。ただしその場合には、

すなわち狂気のために共通感覚を喪失している場合には、その能力はまさしく狂気の結果を招くことになろう。（同、九六〜九七）

という記述がある。これは『全体主義の起源』で見たところに重なる。くり返しになるが、例えばスターリンの「富農階級の死滅」という「前提」や、『わが闘争』に見られる「不治者の断種」とか「ユダヤ人は寄生虫」といった「前提」から「首尾一貫」した「結論」を引き出したのが、すなわち、その「前提」を「現実的・事実的なリアリティ」であると考えたのが、まさしく全体主義であった。[23]「意見」と「真理」のこのような把握は、マルクス主義的な認識論の批判にも結びつく。「演繹のみを事とするイデオロギー的論証」にうつつをぬかし、共通感覚を喪失していた「マルクス＝レーニン主義者」は、自らを「真理」の体現者と称したが、そのような思考方法自体が「政治」に関しては誤っていると、アーレントは判断するのである。

こうして、アーレントの言う「政治」が「イデオロギーとテロル」による全体主義から最も遠いという意味で、「政治」の圧殺こそが全体主義の大きな条件となることを浮かび上がらせる。

『精神の生活』の前提

アーレントが、彼女の生涯にとって決定的だったのは、一九三三年二月の国会議事堂放火事件とその夜のアーレントの不当逮捕ではなく、アウシュヴィッツのことを知った日だったと語ったことはすでに見た。その衝撃が、『全体主義の起源』に連なったのだが、他方では、カント『判断力批判』解釈にも連なっていく。

アーレントは、『精神の生活』の主題である「精神の活動」に取り組むようになった二つの理由について、『精神の生活』「序論」に明確に書いている。

その第一の直接の動機は、彼女自身がアイヒマン裁判の傍聴に行ったことだという。その傍聴記がすでに見た『イェルサレムのアイヒマン　悪の陳腐さについての報告』である。この「悪の陳腐さ」が、「悪という現象についての我々の思想伝統――文学、神学、哲学上の――とは違っているものだという事実に気付いていた」（『精神の生活』上、五）と言うアーレントは、アイヒマンの行ないが「あまりに浅薄である」ことに衝撃を受けていた。その衝撃を、「精神の活動」という枠のなかで考えるとどうなるかということを、アーレントは考え続けた。

第二の動機は、第一の動機から出てくることでもあるが、次のようなことであった。つまり、アーレントがアイヒマン裁判を通じて考えた「悪」についてのイメージは、西洋の伝統的な倫理学の回答と反する方向のものだったが、それればかりか、「思考とは何か」という問題でも、アーレントは伝統的な哲学の方向付けに大きな違和感を抱くようになっていた。このような「精神の活動」の問題を、ギフォード講座での講義を機会に、つきつめて考えてみようというのであった。

こうした経緯を考えれば、アーレントの生涯の大きな転換点は、彼女自身が語るように、一九四三年のアウシュヴィッツのことを知った日であったが、アイヒマン裁判の傍聴も、実に大きな転換点になったと言えるであろう。

『精神の生活』におけるドゥンス＝スコトゥスとハイデガー

アーレントの遺稿というべき『精神の生活』の難解な考察に立ち入るには、もはや紙幅も限られているので、『精神の生活』についてはごく部分的に紹介するにとどめる。

アーレントは、この本の「ドゥンス＝スコトゥスと意志の優位」において、中世哲学者ドゥンス＝スコトゥスを極めて高く評価する。彼女はスコトゥスの言葉、

> 意志する、否と意志する、という正反対のことを同一の対象に対してなしうるというのは意志の能力なのである。

を引用（『精神の生活』下、一五七）して、「これに加えてさらに」と、次のように続ける。

> 意志は保留するということもできる。このような保留は他の意志行為の結果であるけれども――この点では後述するニーチェ的・ハイデガー的な〈意志しない意志〉と真っ向から対立しているのだが――この第二の意志行為は、人間の自由の、つまり外からの強制的決定をすべて退けることができるという人間の精神の能力の重要な証拠なのである。（同、一五八）

これまでに見てきたように、アーレントは全体主義と「必然性」というカテゴリーの連関をさまざまな著作で論じていた。他方、『人間の条件』などでは、政治の核心に「自由」を置いていた。人

間の精神のうちで、自由につながるものは何か、それを強調した哲学者は誰だったか。考えることを放棄して「命令に従っただけだ」というアイヒマンの対応を根本的に批判する哲学的立場を、アーレントは模索して、ドゥンス＝スコトゥスに出逢ったといえよう。そして、それと裏表の関係として、ハイデガーの「意志しない意志」の項が来ることになる。こうしてアーレントは、かつての「恋人」でもあったハイデガー批判にも踏み出すことになった[24]。

このように見ると、『起源』『人間の条件』から『過去と未来の間』『アイヒマン』などを通って『カント政治哲学の講義』『精神の生活』に至るまで、アーレントの諸著作が、太い糸でつながっていると考えることができる。

ドゥンス＝スコトゥス

アーレントの死

一九七五年春、アーレントはデンマークのソニング賞を受賞し、コペンハーゲンに招かれた。この年の四月には、南ベトナムのサイゴンが「解放勢力」の手に帰し、ベトナム戦争は終わった。五月にアーレントは、「ボストン・ホール・フォーラム」でアメリカ建国二百年祭の講演をし、これが彼女の生涯最後の講演となった。この講演の色調は、明るいものではない。冒頭に近いところで、彼女は、アメリカでは、

ハンナとハインリヒの墓　Bard College 提供

ゆっくり考えてみようとする観察者、速力を落とそうとする行為者、すべての人が等しく、すさまじい力にしびれさせられ、マヒさせられている。(25)

と語っていた。

アーレントは、一九七五年十二月四日、心臓発作で死去。享年六十九歳。同月八日、ニューヨークの「リヴァーサイド・メモリアル・チャペル」で、葬儀が行われた。

(1) アーレントの語源学的議論に関連して、ロボットという言葉の語源について一言しておこう。チェコ語には「賦役」を意味するrobota（ロボタ）という言葉があり、その語末のaをとったのがロボットである。カレル＝チャペック（一八九〇〜一九三八）は、兄ヨゼフの示唆を受けて、この語を彼の戯曲の人造人間を表現するために使い、それがロボットという新語となった。チャペック『ロボット（R・U・R・）』千野栄一訳、岩波文庫、訳者の「あとがき」参照。千野氏のこの「あとがき」によれば、robota とドイツ語の Arbeit には関係がある、「Arbeit の語頭の二文字をひっくり返してみるとよく分かる」という。また、チャペックは、このロボットを、「働く能力はあるが、考えることのできないもの」（同、一九八頁）と規定している。

チャペックについては、チャペック『山椒魚戦争』栗栖継訳、ハヤカワ文庫、所収の訳者「解説」参照。この『山椒魚戦争』（一九三六年）では、人間が労働力として使用するのが、ロボットではなく山椒魚になっている。また、チャペックが山椒魚の中にナチス・ドイツを見ていたことは、この作品の最終章に、ヒトラーを連想させる独裁者が、「第一次世界大戦当時は、曹長だった」として登場することから、明白である。山椒魚とナチスとを重ねるチャペックの構想は、公的な議論の欠落するところに「労働」を想定したアーレントの視角と重なる。

（2）アーレントの著作、特にこの『人間の条件』には、語源に関する言及・注記が少なくないし、それらはそれぞれに興味深い指摘がなされている。この部分の語源の説明は、彼女の論の展開を補強するものとして重要である。

（3）マルクスの『経済学批判』の原題は「政治経済学批判」であり、この名称は『資本論』の副題にもなっていく。

（4）『全体主義の起源』が、一部では「冷戦のバイブル」として受け止められていたことが、エンツォ＝トラヴェルソ『ユダヤ人とドイツ』（宇京頼三訳、法政大学出版局、一九九六年、八七頁）に紹介されている。この本はアーレントの「パーリア」論に対する批判を展開している。

（5）アーレントは明記していないけれども、この点は、アリストテレスにおける「経済学」の位置づけを考えれば歴然としている。つまり、「万学の祖」アリストテレスの著作には、『政治学』と『倫理学』の大著はあるけれども、『経済学』は断片のようなものにすぎない。「経済学」は語源からしても「オイコス（家）」の学＝家政学であって、アリストテレスからすれば、余り論ずるに値しないものなのであった。

(6) ウィリアム＝ショーンは、レイチェル＝カーソンの『沈黙の春』(一九六二年)が『ニューヨーカー』に連載された際の編集者でもあった。

(7) ヘルツル『ユダヤ人国家』佐藤康彦訳、法政大学出版局、一九九一年。

(8) ラウル＝ヒルベルク『ヨーロッパ・ユダヤ人の壊滅』柏書房、一九九七年。

(9) マッカーシーは、アーレント『アイヒマン』への攻撃に反論する論文「抗議」(『パーティザン・レヴュー』一九六四年一月～二月)を書いた。そこからの引用は、AM、三二一～三二二頁から再引。

(10) リースマン『孤独な群衆』加藤秀俊訳、みすず書房、一九六四年。

(11) ゲッベルスの鬱屈した青春時代については、前川道介『炎と闇の帝国　ゲッベルスとその妻マクダ』(白水社、一九九五年)が、「暗い青春」という章で見事に描いている。

(12) ブローマン、シヴァン『不服従を讃えて』高橋哲哉・堀潤之訳、産業図書、二〇〇〇年、四頁。

(13) J・ハーバーマスは、アーレントは「よき革命と悪しき革命という二つの革命に関する彼女の物語をつくりあげ」たが、これは「物事をさかさにする異説」であると書いている。むろん、アーレントの『革命について』における着想を、いくつかの点で意義あるものとして評価しながらではあるけれども。J・ハーバーマス『哲学的・政治的プロフィール』上、小牧治・村上隆夫訳、未来社、一九八四年、三一九頁以下。

(14) スヴァーリン『スターリン』上、江原順訳、教育社、一九八九年、二七八～二七九頁。

(15) バートランド＝ラッセルは、一九二〇年にロシアを訪問し、レーニンやトロツキーと会い、人々と意見交換をした。そしてソヴィエト民主主義はすでに死滅しかかっているのではないかと考えた。ラッセル『ロシア共産主義』（河合秀和訳、みすず書房、一九九〇年）参照。

(16) ローザの「ロシア革命論」は、一九一八年、ブレスラウ監獄において執筆された。『ローザ・ルクセンブルク選集』第四巻（この選集における「ロシア革命論」の訳者は、清水幾太郎）、現代思潮社、一九六二年、二五八頁。ちなみに、全体主義以前のドイツ帝政の監獄は、ローザにこのような論文の執筆をさえ許した。強制収容所が監獄とは根本的に異なる存在であることは、このことからもうかがえよう。

(17) 『現代思想』一九九七年七月号、青土社、矢野久美子訳、七五〜七六頁。

(18) 戦後日本の代表的政治学者の一人であった丸山眞男は、その論文集の一冊に『戦中と戦後の間』（みすず書房、一九七六年）という題名を付けた。その「あとがき」によれば、この題名は、「尊敬する思想家」ハンナ・アーレント女史の『過去と未来の間』に、「象徴的な題名なりともあやかりたいという気持ち」を籠めてつけたという。

(19) ニュー・スクール・フォー・ソーシャル・リサーチ（新社会研究学院）は、一九一九年に創設され、三〇年代には、高い学問水準を持った亡命者たちを多く受け入れていた。この学院については、ルイス・A・コーザー『亡命知識人とアメリカ』荒川幾男訳、岩波書店、一九八八年、に一節をさいて紹介されている。

(20) ギフォード講座については、『精神の生活』に付されたマッカーシーの「編者あとがき」に説明されている。それによれば、十九世紀末に始まるこの講座での講義が本になった主なものに、ジェイムズ『宗教的経験の諸相』、ホワイトヘッド『過程と実在』、デューイ『確実性の探求』、マルセル『存在の神秘』、ジルソン『中世哲学の精神』などがあるというが、いずれ劣らぬ哲学史上の名著である。

(21) アーレントのカント解釈については、アーレント『カント政治哲学の講義』の編者であるロナルド＝ベイナーが、同書に優れた「解釈的試論」を付けている。カント『判断力批判』第六五節注は、右の『講義』訳書、一七頁。また、ベイナー『政治的判断力』浜田義文監訳、法政大学出版局、一九八八年、も参照。なお、カント解釈のなかでアーレントに触れたものとして、知念英行『カントの社会哲学』未来社、一九八八年、がある。

(22) ナチスの医学上の行為に関する反省の上に登場したものの一つが「インフォームド・コンセント」である。「インフォームド・コンセント」という考え方には、それが本来の意味で把握されるなら、「意見」「言論」「説得」を全体主義の反対物と考えたアーレントの発想と一脈通ずるところがうかがえる。実際、R・フェイドン／T・ビーチャム『インフォームド・コンセント』(酒井忠昭・秦洋一訳、みすず書房、一九九四年)では、インフォームド・コンセントという考え方の登場が、ナチズムへの反省と関連すると説明されている。

(23) ヒトラー『わが闘争』上、平野一郎・将積茂訳、角川文庫、一九七三年、参照。

(24) ハイデガーとナチズムに関する著作は夥《おびただ》しい。ここではファリアス『ハイデガーとナチズム』山本尤訳、名古屋大学出版局、一九九〇年、だけをあげておく。

(25) アーレント「建国二百年によせて――アメリカの反省――」川上洋一訳、『世界』(岩波書店)一九七五年十一月号所収。

まとめにかえて

本書のように限られたスペースで、ハンナ＝アーレントの「人と思想」を紹介するとすれば、どこかに焦点を絞らざるを得ないだろう。そう考えた私は、アーレントの「人」については、主として前半生をたどるにとどめた。また、彼女の著作については、『全体主義の起源』をもって代表させようと考えた。

ドイツ語を話すユダヤ人として成長し、第一次世界大戦におけるドイツの敗戦とドイツ革命の挫折の余燼のなかで、ハイデガーやヤスパースの哲学がその成熟した姿を現わす場面に立ち会ったアーレント。ナチスの政権掌握とともにドイツを離れ、フランスでシオニスト組織の活動を手伝い、絶滅収容所ではないにせよ抑留キャンプに放り込まれたアーレント。辛くもそこを脱出しアメリカに渡り、英語の習得につとめながら、彼女はやがて『全体主義の起源』を発表するに至る。

二十世紀がいかなる時代であったにせよ、ヨーロッパを中心に考えるなら、ナチスの動向がその大きな焦点の一つであったことは確かである。そのナチスの動向に最も激しく巻き込まれ、それに流されるのでなく抵抗し、生きのび、自分たちを絶滅させようとしたナチスとは一体いかなるものであったのかを普遍的な表現で綴ろうとしたハンナ＝アーレント。彼女の前半生は、まさに二十世紀のドラマの象徴的な現われというべきであろう。

私は、本書の「まえがき」に、二十世紀を「西欧の歴史におけるもっとも恐ろしい世紀」(バーリン)、「虐殺と戦争の世紀」(デュモン)、「人類史上もっとも暴力的な世紀」(ゴールディング)と特色づける見解を紹介した。アーレントの『全体主義の起源』は、二十世紀のほぼ半ばの時点で、ナチス・ドイツとスターリン体制をともに「全体主義」と特色づけ、それを具体的な事柄を広範に関連づけることによって説明したのであった。

アーレントは、「全体主義」の本質が「イデオロギーとテロル」に、そして、強制収容所にあると考えた。他方でアーレントは、彼女のレッシング論のなかで、

達成されうる最良のことは、過去が何であったかを正確に知り、こうして得られた知識に耐え、さらに知りかつ耐えることから何が生ずるかを待ち望むことなのです。(暗い時代、三一)

と書いた。『全体主義の起源』は、まさしく「達成されうる最良のこと」そのものであったというべきである。このようにして全知全霊をかけて描かれた歴史は、時代を超えて生き残り、後世の人間に伝えられることになった。

アーレントは、この全体主義論を背景に、『人間の条件』などで大衆社会や消費者社会が全体主義に一脈通じるところがあることを描いて、「現代」とは何かという考察に真っ向から取り組んだ。そ

して、「公共性」「自由」に政治の核心を見ようとした。ハンガリー革命に対する高い評価も、アメリカ革命礼賛も、そのような文脈から考えることができる。しかも、アーレントの発表した著作は、いずれをとってもまさしく一級品であった。

「自由」や「討論」に政治の核心を見るアーレントの論は、一九六〇年代の若者たちの政治「反乱」に通じる側面を持っていた。しかし、アーレントの政治思想は、「ハンナ＝アーレント主義」を形成するものではなかった。なぜか。

ハンナ＝アーレントの切手

千葉眞氏の紹介されるところによれば、アーレントはある未刊の講義ノートにおいて、「哲学者」(philosophers)と「著述家」(writers)を、「二種類の異なった型の思想家」として区別しているという。「著述家」は、自分の考える「真理」を叙述するのでなく、「政治的経験に基づいて政治のために叙述する」思想家であり、たとえばマキアヴェリ、モンテスキュー、トクヴィルがそれである。「彼らは、何が政治の目的であり、何が政府の目的であるか、に関して問うことはいっさいしていない。これらのことは彼らが当然視している事柄であり、政治生活が最善の生活であることは彼らの大前提である。」他方、「哲学者」は、「政治を外側から叙述するのであり、非政治的基準を政

治に押しつけようとする。これは、プラトン以来、またはより厳密にはパルメニデス以来の伝統である」ということになる。(1)

プラトンは、彼の考える「真理」の政治への実現という発想によって、「哲学者」へ振り当てられている。ルソーやマルクスも、アーレントからすれば「哲学者」型になるのは無論である。これに対して、アーレント自身が「著述家」型であるのは言うまでもない。

「著述家」型のアーレントは、『起源』第一部冒頭で反ユダヤ主義成立の事情を考察するに当たり、トクヴィルの「経験」を見事に生かしており、また、同書第三部の「イデオロギーとテロル」の章で、国家形式の本質を考察する際に、モンテスキューの『法の精神』を手がかりとしている。これらの記述には、「著述家」型思想家への敬意も親近感も感じられる。

注意すべきことは、「哲学者」型の場合には、「主義」が成立するということである。例えば、ルソー主義、マルクス主義のように。しかし、「著述家」型思想家に関しては、そのようなことは起こりにくい。一九六〇年代にアーレントの政治的著作は、政治に関心を抱く若者たちに少なからぬ影響を与えたというけれども、ハンナ＝アーレント主義というのは、ついに成立しないであろう。(2)

アーレントは、このような「著述家」型思想家であるとともに、レッシングの言う「自立的思考(Selbstdenken)」の人でもあった。この「自立的思考」は、「真理の探究」をするものではなく、「他人を予期した対話」とともに成り立つものであった。「自立的思考」はまた、自分自身の「精神の隠れ家」に閉じこもることでもなかった。そうした閉じこもりがナチスの台頭を許し、ひいては閉じこもりをする本人の人間性の喪失につながるものであることを、アーレントは骨髄に達するほどに味わわされたのであった。彼女は、自らの「受難経験」を、単に経験として語るのでなく、友人たちとの対話を通じて広がりを持つ言葉にしようとした。それは、ヤスパースの「コミュニケーションの哲学」に連なるものでもあったし、『起源』執筆に際してのハインリヒ＝ブリュッヒャーや彼女の友人たちとの対話については、本書ですでに述べたところである。

アーレントの思考は、同時代の友人たちとの対話を通じて発展しただけでなく、いわば過去との対話をも媒介としていた。アーレントは、先に引用したショーレムあての手紙（二〇四頁）のなかで、自分が「ドイツ左翼出身の知識人」ではなく、自分が「どこから来た」と言えるものがあるとすれば、「それはドイツ哲学の伝統から」だと述べていた。アーレントは、カントのなかにも、レッシングのなかにも、自分の思想の水脈を掘り当てていた。これが「ドイツ哲学の伝統」の一側面である。

アーレントの知性は自立的であり、何ものにも囚われることなく、同調性を求めず、しかも独創的であった。そして、その政治的立場は、保守的な外観を持ちつつも急進主義的（ラディカル）であった。

急進的であるとともに、政治的事件の観察者として卓越していた。アーレントの著作は、『全体主義の起源』第二部・帝国主義におけるアフリカの記述も含んではいるけれども、全体としてはほぼヨーロッパとアメリカ合州国に関わるものである。その意味では、欧米中心的と言えるかもしれない。しかし、本書の所々に記述したように、彼女の記述は、日本人読者には日本のことを連想させずにはおかないところがある。

それは、アーレント自身が二〇世紀の「政治的事件のもっとも優れた観察者の一人」であっただけでなく、自分の経験を単に個別的経験として語るのではなくて、二十世紀に生起したいくたの「歴史的瞬間」に関する「証言」(3)に耳を傾け、多面的に関連づけを行うことによってのみ語るという普遍主義的な志向を有する、知的勇気を持った「著述家」だったことによるのであろう(4)。

(1)この「講義ノート」については、千葉眞『アーレントと現代』岩波書店、一九九六年、七七頁以下を参照。なお、アーレントのプラトン論は、カール＝ポパーの『開かれた社会とその敵』(一九四五年)におけるプラトン批判に通じるものを持つ。一九〇二年にユダヤ人家系の子としてウィーンで生まれたポパーは、ヒトラーによるオーストリア併合の後、ニュージーランドに亡命した。その経歴などについては、ポパー『果てしなき探求――知的自伝』森　博訳、岩波書店、一九七八年、参照。また、先に見た『神は躓く』(一九五〇年)の編者にしてイギリス労働党の理論家だったリチャード＝クロスマンは、プラトンの政治哲学を批判した『今日のプラトン』(一九三七年)の著者でもあって、彼のプラトン解釈も、アーレントのそれと一脈通じ合う。

（2）ハンナ＝アーレント主義が成立しないということは、彼女の著作が「経典」にはなり得ないということであり、したがって、彼女の著作を「冷戦のバイブル」とみなしたり、彼女を単純な「反共主義者」とみなしたりすることが、いかに的外れであるかを示している。
（3）歴史が「歴史」となるためには、「記憶されるための証言」が必要であり、「信用のおける証人」が必要である。この「証言」と「嘘」の関連についてアーレントは、「政治における嘘――ペンタゴン・ペーパーズについての省察」で説得的に述べている。
（4）アーレントのこのような「著述家」としての側面を考えれば、アーレントを「実存主義者」のように扱う見解も適当でないということが理解できよう。

あとがき

私が最初にアーレントの著作に触れたのは、ヨーロッパ思想史を勉強していた大学院生時代の一九七三年だった。アーレントの『人間の条件』の翻訳が出て、大学院の先輩が、これを読むべきだと勧めてくれて、その思想史解釈の部分は面白く読んだ。ほぼ時を同じくして『全体主義の起源』も、翻訳・出版されていて、当時はアーレントの流行の時期ではあったわけだが、私の場合はそれには目が向かなかった。そして、アーレントのことも念頭から薄れていた。

一九九〇年三月、古在由重先生が亡くなられた。この哲学者の若き日の傑作『現代哲学』（一九三七年）を学生時代に読んで感動し、先生の自宅での「ゼミ」で教えを受けていた私は、その「追悼集会」（同年九月・九段会館）事務局に加わり、追悼集（『古在由重』同時代社、一九九一年）編集の手伝いをした。その過程で、日本の左翼運動・イデオロギーについても考えさせられることが少なくなかった。それは、ソ連・東欧の社会主義政権崩壊の時期にも当たっていた。

この事務局や追悼集の仕事の過程で垣間見た人間関係に触発され、また、藤田省三先生から勧められて読んだアーレントの『全体主義の起源』、とりわけその第三部の鮮やかさは、私を驚愕させた。本書が『起源』に関する記述を中心にしているのは、こうした私の読書体験による。『起源』を読んだのち、彼女の本を次々と読んだ。出版された彼女の主な著作をほぼ読み終えた頃に、小牧治先生と清水書院の清水幸雄さんのお二人から、「人と思想」シリーズに『ハンナ＝アーレント』を書くようにというお話をいただいた。それは、このシリーズの『レイチェル＝カーソン』を脱稿した九五年初め頃だったと思う。そのときには、二年ほどあればアーレントの本は書けるだろうと考えていた。

アーレントの主な著作は一通り読んでいたつもりだったから、『全体主義の起源』でアーレントが言及している著作にわずかでもより広く触れておこうと、まずカフカの『城』やコンラッドの『闇の奥』などを読んだ。また、プルーストの『失われた時を求めて』を読み始めるのと並行して、ローザ＝ルクセンブルクの『資本蓄積論』を読んだ。その頃、藤田省三先生から『資本蓄積論』を訳すようにとのお勧めを受け、結局その第三編だけながら、翻訳・出版することになった。

ちょうどその頃、諸般の事情で多忙な日々となり、私の生活パターンは大きく変わった。しかし、そうしたなかでも、私にとってアーレントの著作の意義は、強まりこそすれ弱まることはなかった。ことに『全体主義の起源』は、繰り返し繰り返し読んだ。また、たとえばアーレントの公的空間の論や消費者社会論は、なお現実的な意味を持つという思いを強くせざるを得なかった。

思えば、私にとってこの本の発端となった九〇年三月から十年をこえる歳月が流れた。清水さんには執筆の遅れをおわびしなければならない。九九年夏から本書の執筆にかかり、翌三月に脱稿した。連れ合いのまり子は、ヤング＝ブルーエルによるアーレントの伝記などを細かく読んで、いろいろ意見を述べてくれた。

小牧治先生は、二〇〇〇年五月に亡くなられた。先生に本書を見ていただけないのは残念である。ここにお名前は挙げないけれども、何人かの人には、アーレントについての私の話を聞いてもらうなど、お世話になった。清水書院の荻原精一氏には本書の編集を担当していただいた。

以上の人たちに、深く感謝します。

二〇〇一年九月

太田　哲男

ハンナ＝アーレント年譜

西暦	年齢	年譜	世界の動き
一八三六		ハンナの母方の祖父、ヤーコプ＝コーン、現在のリトアニアに生まれる。	
一八五二		ヤーコプ＝コーン、ケーニヒスベルクに移住。	
一八六七			マルクス『資本論』第一巻刊行。
一八八三			ヤスパース生まれる。
一八八九			ハイデガー生まれる。
一八九四			フランスで、ドレフュス告発・逮捕される。（ドレフュス事件の発端）
一八九六			ヘルツル『ユダヤ人国家』刊行。
一八九七			バーゼルで第一回シオニスト会議開催。
一八九九		一月、ハインリヒ＝ブリュッヒャー、ベルリン南西部で生まれる。	
一九〇〇			フッサール『論理学研究』刊行。
一九〇二		パウル＝アーレント、マルタと結婚。	ホブスン『帝国主義』刊行。
一九〇四			マクス＝ヴェーバー『プロテスタンティ

一九〇五			ズムの倫理と資本主義の精神』刊行。第一次ロシア革命。
一九〇六	0	十月十四日、ハンナ＝アーレント、ドイツのハノーファー郊外のリンデンに生まれる。ヤーコプ＝コーン死去。	アイヒマン生まれる。
一九〇九	3	この頃、アーレント家、ケーニヒスベルクに移る。	
一九一〇	4		ヒルファーディング『金融資本論』刊行。
一九一三	7	三月、祖父マクス死去。十月、父死去。	プルースト『失われし時を求めて』刊行（〜一七年）。ローザ＝ルクセンブルク『資本蓄積論』刊行。フッサール『イデーン』第一巻刊行。
一九一四	8	八月、ベルリンに移る。一〇週間後、ケーニヒスベルクに戻る。	七月、第一次世界大戦始まる。
一九一五	9	三月、はしかにかかる。（夏まで）	
一九一六	10	ハンナ、病気がち。	カフカ『変身』
一九一七	11	イースターの頃、ジフテリアにかかる。アーレント家、社会民主主義者たちの集会場となる。（一九年まで）	ロシア二月革命。レーニン『帝国主義』刊行。ロシア十月革命で、ソヴィエト政権樹立。

一九一八	12		十一月、ドイツ革命勃発。第一次世界大戦終わる。各地でレーテ（評議会）結成。
一九一九	13		一月、ドイツ共産党成立。一月十五日、ローザ＝ルクセンブルク、カール＝リープクネヒト虐殺される。
一九二〇	14	ハンナの母マルタ、マルティン＝ベーアヴァルトと再婚。	
一九二三	17		リルケ『ドゥイノの悲歌』 秋、ハイデガー、マールブルク大学に赴任。
一九二四	18	ケーニヒスベルクから、ブルトマンに神学を、ハイデガーに哲学を学ぶために、マールブルク大学へ。 ハイデガーのゼミナールで、ハンス＝ヨーナスと知り合う。	六月、カフカ死去。翌年、カフカ『審判』（二五年）、『城』（二六年）刊行。
一九二五	19	ギュンター＝シュテルンを見知る。 フライブルク大学のフッサールの下で一学期間を過ごす。	七月、ヒトラー『わが闘争』上巻刊行。
一九二六	20	ハイデルベルク大学のヤスパースの下へ。	
一九二七	21		ハイデガー『存在と時間』刊行。

一九二八	22	『アウグスティヌスの愛の概念』で博士号取得。(同書は二九年出版)	ハイデガー、フライブルク大学に移る。ブレヒト『三文オペラ』初演。
一九二九	23	ラーエル＝ファルンハーゲンに関する研究開始。九月、ギュンター＝シュテルンと結婚し、フランクフルトに移り住む。	アルマアタに追放されていたトロツキー、ソ連を追放される。ソ連の全体主義政権確立。(Ⅲ、三) 十月、ニューヨークの株式市場大暴落。世界恐慌始まる。
一九三〇	24	シュテルン夫妻、ハイデルベルクに住む。この頃、ハンナはしばしばヤスパースの家を訪問。また、マリアンネ＝ヴェーバー（マクス＝ヴェーバー夫人）の家を訪問。ベルリンに移る。ラーエル＝ファルンハーゲンに関する研究に打ち込む。	
一九三二	26		ヤスパース『哲学』刊行。
一九三三	27	二月、国会議事堂放火事件後、反ナチ運動に協力。シュテルンは、放火事件の数日後、パリに逃れる。ハンナ、ゲシュタポに逮捕されるが、まもなく出獄。八月、ドイツを離れ、やがてパリへ	一月、ヒトラー政権の成立。四月、ユダヤ系公務員に対する「公務員職再建帝国法」施行。四月、ハイデガー、フライブルク大学総長となる（〜三四年）。五月、ナチに入党。この年、アインシュタイン、トーマス＝

		移る。	マンら、ドイツより亡命。ツヴァイクは翌年に亡命。
一九三四	28	「高等研究学院」でアレクサンドル＝コジェーヴのゼミナールに参加。そこで、アレクサンドル＝コイレなどと知り合う。この頃、「農業と手工業」（パレスティナへの移住者たちのための機関）の事務局秘書として働く。	
一九三五	29	「ユース・アリーヤ」（パレスティナ移民青年団）で活動。その仕事で一時パレスチナへ。	九月、ドイツで「ニュルンベルク法」公布。（ユダヤ人を「劣等人種」に）
一九三六	30	初春、ハインリヒ＝ブリュッヒャーと知り合う。この頃、ギュンター＝シュテルン、ニューヨークへ移る。	七月、スペイン内乱開始。八月、モスクワ裁判。
一九三七	31	ギュンター＝シュテルンと離婚。	ヤスパース、教授職を剥奪される。ベルジャーエフ『ロシア共産主義の起源』刊行。
一九三八	32	ポーランド系ユダヤ人ヘルマン＝グリンツパン、ナチスのラートを殺害。この「報復」に、ゲッベルスはドイツの突撃隊と親衛隊にユダ	ドイツ、オーストリアを併合。

		ヤ人攻撃を命じる。(「水晶の夜」)。ハンナは、のちにこのグリンツパン裁判で、一時期は弁護を手伝う。 ハンナ、「ユダヤ機関」で、パリのオーストリア難民を、のちにチェコスロバキア難民を援助する仕事に従事。	
一九三九	33	マルタ＝アーレント、ケーニヒスベルクからパリのハンナのもとに移る。 第二次世界大戦開始後、ブリュッヒャーは「労働奉仕キャンプ」への出頭を命じられる。	八月、独ソ不可侵条約。九月、第二次世界大戦開始。アメリカ哲学会、「全体主義国家に関するシンポジウム」開催。
一九四〇	34	一月、ハンナとハインリヒ＝ブリュッヒャー、結婚式を挙げる。 五月、ハンナ、ピレネー山脈に近いギュルのキャンプに抑留されるが、フランスの降伏という混乱の中で釈放され、モントーバンに移り、偶然にブリュッヒャーと再会する。	二月、トロツキー、メキシコで暗殺される。 三月、ヒトラー、アウシュヴィッツ強制収容所の建設を指示。五月、収容者の第一陣が輸送される。 六月、ドイツ軍、パリ占領。 八月、日独伊三国同盟。 九月、ベンヤミン、フランスからスペインへの脱出を果たせないと悲観し、ピレネー山中で自殺。

一九四一	35	一月、ブリュッヒャーとフランスを出国、リスボン経由でアメリカへ。 五月ブリュッヒャー夫妻、ニューヨークに到着。 六月、ハンナの母マルタ、アメリカ到着。 ハンナ、十一月、ドイツ語の新聞『アウフバウ』のコラムニストとして雇われる。「ユダヤ人の軍隊」の意義を訴える論説を書く。	六月、ドイツ、ソ連攻撃開始。
一九四二	36		一月、ドイツ、ヴァンゼー会議で、ユダヤ人問題の「最終的解決」を議決。 二月、シュテファン＝ツヴァイク、ブラジルで服毒自殺。
一九四三	37	アウシュヴィッツに関する情報を聞き、衝撃を受ける。	一月、スターリングラード攻防戦で、ドイツ軍、ソ連軍に敗北。 四月、ワルシャワ・ゲットーのユダヤ人蜂起。
一九四四	38	この頃、「ヨーロッパ・ユダヤ再興委員会」で調査の仕事に従事。 メアリー＝マッカーシーとの最初の出逢い。	八月、パリのドイツ軍降伏。 十月、アトランティックシティで、アメリカのシオニストは、「パレスチナ全域を分割も削減もせずに包括する」「自由で民

			主的なユダヤ人国家」の創設要求の宣言を採択。
一九四五	39	論文「シオニズム再考」を発表。「アトランティックシティ決議」に現れたシオニズムを痛烈に批判。 この頃、『全体主義の起原』執筆開始。 九月、ヤスパース、アーレントに戦後初めての手紙を送る。	一月、ソ連軍、アウシュヴィッツ強制収容所を解放。 五月、ドイツ降伏。 八月、日本降伏。
一九四六	40	ショッケン出版社で編集長となる。（～四八年） 論文「実存哲学とは何か」（『パーティザン・レヴュー』に掲載）	
一九四七	41		十一月、国連総会、パレスティナ分割案を採択。
一九四八	42	『全体主義の起源』第三部にかかる。 七月、母マルタ死去。	五月、イスラエル建国宣言。第一次中東戦争。 六月、ベルリン封鎖。
一九四九	43	秋、『起原』原稿完成。 八月、アーレント、「ユダヤ文化再興委員会」の理事となる。この委員会の仕事で、戦後初	

		めてヨーロッパへ。ヤスパース夫妻訪問。また、難民たちの惨状を見る。	
一九五〇	44	二月、アーレント、ハイデガーと再会。	二月、マッカーシズム旋風の走り。六月、朝鮮戦争開始。リースマン『孤独な群衆』刊行。
一九五一	45	『全体主義の起源』刊行。(最初はホートン・ミフリン社から出版の予定だったが、断られ、ハーコート＝ブレイス社から出版) 十二月十日、アメリカの市民権を獲得。	
一九五二	46	戦後二度目の訪欧。夏、マールブルク大学・ハイデルベルク大学で講演。題目は「イデオロギーとテロル」。 八月、ブリュッヒャー、バード・カレッジ教授に任命される。	
一九五三	47	プリンストン大学の「クリスチャン・ガウス・セミナー」で講義。題目は「カール＝マルクスと政治思想の伝統」。(人間の条件・謝辞) この年、グッゲンハイム財団による研究助成を受ける。 秋、『ジューウィシュ・ニューズレター』の編集者から、増大するアラブ・イスラエルの	三月、スターリン死去。

一九五四	48	緊張状態についてのコメントを書くよう依頼されるが、断る。「ユダヤの政治にはもはや関わるまいと決心」したと説明。ノートルダム大学で「哲学と政治」について一連の講義を行う。	
一九五五	49	アメリカ政治学会で講演を行う。春学期、バークレーに専任として招かれ、政治理論を教える。大学院のセミナーの一つは「ヨーロッパの政治理論」	二月、フルシチョフによる「スターリン批判」。
一九五六	50	シカゴ大学の「ウォールグリーン財団寄付講座」に招かれ、「活動的生活」の講義。これがのちに『人間の条件』となる。「ハンガリー革命」の報を喜びをもって聞き、スエズ動乱におけるイスラエルの対応に気持ちを暗くする。	十月、「ハンガリー革命」起こる。十月、スエズ動乱。
一九五七	51		九月、アーカンソー州リトルロック市の高校への黒人の入学をめぐる暴動に連邦軍出動。
一九五八	52	『全体主義の起源』第二版刊行。(「ハンガリー革命の省察」という結語を付ける。)	

		ヤスパースのドイツ書籍協会平和賞の授与に際して演説。（その演説は『暗い時代の人々』に収録される） 『人間の条件』刊行。 アメリカで「第一級の政治問題」となっている教育問題について、論文「教育の危機」を発表（のちに『過去と未来の間』所収）	
一九五九	53	プリンストン大学で「合州国と革命精神」に関するセミナー。（『革命について』の原型） プリンストン大学教授となる。 レッシング賞（ハンブルク市）受賞。ハンブルクで受賞演説「暗い時代の人間性」（のちに『暗い時代の人々』所収）を行う。 『ラーエル＝ファルンハーゲン』刊行。 論文「リトルロックについての省察」発表。（この論文は、年度ごとの最も優れたリトルマガジン掲載論文に送られる一九五九年度「ロングヴュー財団賞」を受賞。）	一月、キューバ革命。
一九六〇	54		一月、西ドイツのアデナウアー首相と、イスラエルのベン＝グリオン首相、

			ニューヨークで会談。 五月、アメリカで公民権法成立。 五月、アドルフ＝アイヒマン、アルゼンチンでイスラエルの特務機関員に誘拐される。
一九六一	55	アイヒマン裁判の傍聴に出かける。 『過去と未来の間』（第1版）刊行。 ハンナとブリュッヒャー、スイスにヤスパース夫妻を訪問。 ハンナ、メアリー＝マッカーシーのあとを承けて「スペイン亡命者援助会」会長となる。 秋、ブリュッヒャー、動脈瘤破裂を起こす。	四月、「アイヒマン裁判」開始。
一九六二	56	三月、ハンナの乗ったタクシー、交通事故に遭い、ハンナ、二ヶ月間動けなくなる。	五月、「アイヒマン裁判」終了し、アイヒマン絞首刑。
一九六三	57	『革命について』刊行。 二〜三月、『ニューヨーカー』に、アイヒマン裁判についてのアーレントの報告連載。 『イェルサレムのアイヒマン』刊行。この報告をめぐる論争、約三年続く。	

一九六六	60	シカゴ大学教授に就任。（～六七年） ケネディ暗殺で「恐慌状態」となる。	十一月、ケネディ大統領暗殺。 八月、中国・文化大革命始まる。
一九六七	61	ニュー・スクール・フォー・ソーシャル・リサーチ（新社会研究学院）教授に就任。（その死まで） ドイツ語散文が優れているものに与えられる「ドイツ言語・詩文芸アカデミー」の「一九六七年度ジグムント＝フロイト賞」を授与される。	六月、第三次中東戦争。
一九六八	62	ハーヴァードで開催されたロシア革命の研究集会（ソヴィエト研究家たちと歴史家たちの集会）に招待される。 『全体主義の起源』第三版・『過去と未来の間』（拡大版）刊行。 『暗い時代の人々』刊行。	フランスの「五月危機」など、世界的に「学生反乱」。（フランスの学生運動の指導者コーン＝バンディの父とハンナ＝アーレントは、モントーバンで親交があった。）
一九六九	63	芸術科学アカデミーの「エマスン・ソロー賞」を受賞。	二月二十六日、ヤスパース死去。享年八十六歳。

一九七〇	64	三月、ヤスパースの葬儀でバーゼルに行き、追悼式で追悼の辞を述べる。この頃、ベトナム戦争に関する討論への参加を求められると、応じていた。ニュー・スクール・フォー・ソーシャル・リサーチの秋学期、「カント講義」を行う。これが『カント政治哲学の講義』となる。十月、ハインリヒ＝ブリュッヒャー死去。享年七十一歳。	十一月、ワシントンのベトナム反戦集会に二十五万人が参加。
一九七一	65	春、メアリー＝マッカーシーとその夫ジェイムズ＝ウェストとシチリアに旅行。この頃、ドイツ政府に対する損害賠償の請求、ドイツ最高裁で認められる。(ナチの権力簒奪によって経歴を中断されたことに対する賠償請求) 論文「政治における嘘」を発表。	六月、『ニューヨーク・タイムズ』、国防総省の「ベトナム秘密報告書」(「ペンタゴン・ペーパーズ」)を暴露、連載を開始。
一九七二	66	『共和国の危機』刊行。	
一九七三	67	春、スコットランドのギフォード講座で、「思考」について講義。	一月、ベトナム和平「パリ協定」調印。 四月、アメリカ、ウォーターゲート事件。 十月、第四次中東戦争。

一九七四	68	春、スコットランドのギフォード講座で、「意志」について講義。（一回のみ。病気で中断）	
一九七五	69	春、デンマークのソニング賞受賞、コペンハーゲンに招かれる。 五月、「ボストン・ホール・フォーラム」でアメリカ建国二百年祭の講演をする（ハンナの生涯の最後の講演となる。） 『人間の条件』、アメリカ政治学会「リッピンコット賞」を受ける。 十二月四日、アーレント、心臓発作で死去。享年六十九歳。 十二月八日、「リヴァーサイド・メモリアル・チャペル」で、アーレントの葬儀行われる。	四月、南ベトナムのサイゴンに、解放勢力、無血入城。（ベトナム戦争終結）
一九七六		五月、ハンナ＝アーレントの遺灰、バード・カレッジに埋葬される。	五月二十八日、ハイデガー死去。享年八十六歳。
一九七七		『精神の生活』刊行。	
一九八二		『カント政治哲学の講義』刊行。	

参考文献（日本語で読めるものを中心に）

●アーレントの主要著作

・『全体主義の起源』*The Origins of Totalitarianism*, 1951
『全体主義の起原1　反ユダヤ主義』大久保和郎訳、みすず書房、一九七二年
『全体主義の起原2　帝国主義』大島通義・大島かおり訳、みすず書房、一九七二年
『全体主義の起原3　全体主義』大久保和郎・大島かおり訳、みすず書房、一九七四年
この訳本は、そのドイツ語版を底本に、英語版を参照して成立したものである。
・『人間の条件』*The Human Condition*, 1958
清水速雄訳、中央公論社、一九七三年。ちくま学芸文庫、一九九四年
・『ラーエル＝ファルンハーゲン　あるユダヤ人女性の生涯』*Rahel Farnhagen*, 1959
大島かおり訳、みすず書房、一九九九年
・『イェルサレムのアイヒマン』*Eichmann in Jerusalem*, 1963
大久保和郎訳、みすず書房、一九六九年
・『過去と未来の間』*Between Past and Future*, 1961, 1968
引田隆也・斎藤純一訳、みすず書房、一九九四年
・『革命について』*On Revolution*, 1963
清水速雄訳、中央公論社、一九七五年。ちくま学芸文庫、一九九五年
・『暗い時代の人々』阿部斉訳、河出書房新社（新装版）、一九八六年

Men in Dark Times, 1968
・『暴力について』山田正行訳、みすず書房、二〇〇〇年
Crises of the Republic, 1972（『共和国の危機』）
・『パーリアとしてのユダヤ人』寺島俊穂・藤原隆裕宜訳、未来社、一九八九年（この本は、ドイツ語版をもとにしつつ、独自に再編したものである。）
Die verborgene Tradition : Acht Essays, 1976
・『精神の生活』上・下、佐藤和夫訳、岩波書店、一九九四年
The Life of the Mind, 1978
・『カント政治哲学の講義』浜田義文監訳、法政大学出版局、一九八七年
Lectures on Kant's political philosophy, 1982

●**書簡集など**

・アーレント・ブルーメンフェルト『書簡集』
Hannah Arendt-Kurt Blumenferd, 》... *in keinem Besitz verwurzelt*《 *Die Korrespondenz*, 1995
・アーレント「何が残ったか？　母語が残った」（ギュンター＝ガウスによるハンナ＝アーレントへのインタヴュー）矢野久美子訳、『思想』一九九五年八月号所収、岩波書店
・アーレント・ヤスパース『往復書簡集』
Hannah Arendt-Karl Jaspers Briefwechsel:1926-1969, 1985
英訳は、Hannah Arendt Karl Jaspers, *Correspondence:1926-1969*, Harcourt Brace & Company, 1992
・キャロル＝ブライトマン編『アーレント＝マッカーシー往復書簡』佐藤佐智子訳、法政大学出版局、一

九九九年
・アーレント「実存哲学とは何か」（一九四六年。斎藤純一訳、雑誌『みすず』三四五号、所収）

●その他の書簡集

・『ハイデッガー＝ヤスパース往復書簡集一九二〇―一九六三』渡辺二郎訳、法政大学出版局、一九九四年
・ゲルショム＝ショーレム編『ベンヤミン‐ショーレム往復書簡』山本尤訳、法政大学出版局、一九九〇年

●アーレントを主題にした参考文献

・エリザベス・ヤング＝ブルーエル『ハンナ・アーレント伝』荒川幾男・原一子・本間直子・宮内寿子訳、晶文社、一九九九年（Elisabeth Young-Bruehl, *Hannah Arendt : For Love of the World*, Yale University Press, 1982）これは、『『評伝』中の『評伝』』（藤田省三）である。
・Wolfgang Heuer, *Hannah Arendt*, Rowhlt, 1987
・マーガレット＝カノヴァン『ハンナ・アレントの政治思想』寺島俊穂訳、未来社、一九八一年
・エルジビェータ＝エティンガー『アーレントとハイデガー』大島かおり訳、みすず書房、一九九六年
・寺島俊穂『生と思想の政治学――ハンナ・アレントの思想形成』芦書房、一九九〇年
・川崎修『アレント』講談社、一九九八年
・千葉眞『アーレントと現代』岩波書店、一九九六年
・「特集　ハンナ・アーレント」『現代思想』青土社、一九九七年七月号

●その他の参考文献（本書で言及したものを中心に）

・ロナルド＝ベイナー「解釈的試論」（アーレント『カント政治哲学の講義』浜田義文監訳、法政大学出版局、一九八七年、所収）
・ロナルド＝ベイナー『政治的判断力』浜田義文監訳、法政大学出版局、一九八八年
・セイラ＝ベンハビブ「パーリアとその影」（大島かおり訳、雑誌『みすず』二〇〇〇年一月号）原著は、Seyla Benhabib, *The reluctant modernism of Hannah Arendt*, Sage Publications,1996
・マルガレーテ＝ブーバー＝ノイマン『カフカの恋人ミレナ』田中昌子訳、平凡社、一九七六年。平凡社ライブラリー、一九九三年
・ブルーノ＝ベテルハイム『生き残ること』高尾利数訳、法政大学出版局、一九九二年
・ベルジャーエフ『ロシア共産主義の歴史と意義』（『ベルジャーエフ著作集』第七巻）田中西二郎・新谷敬三郎訳、白水社、一九六〇年
・E・H・カー『ボリシェヴィキ革命』第二巻、宇高基輔訳、みすず書房、一九六七年
・ルイス・A・コーザー『亡命知識人とアメリカ』荒川幾男訳、岩波書店、一九八八年
・リチャード＝クロスマン編『神は躓く』村上芳雄訳、ぺりかん社、一九六九年
・I・ドイッチャー『スターリン』第二巻、上原和夫訳、みすず書房、一九八四年
・ファリアス『ハイデガーとナチズム』山本尤訳、名古屋大学出版局、一九九〇年
・ローラ＝フェルミ『二十世紀の民族移動2（亡命の現代史2）』掛川トミ子・野水瑞穂訳、みすず書房、一九七二年
・リーザ＝フィトコ『ベンヤミンの黒い鞄』野村美紀子訳、晶文社、一九九三年
・藤田省三『全体主義の時代経験』みすず書房、一九九四年。（『藤田省三著作集』第6巻、みすず書房、一九九七年、に収録）

・J・ハーバーマス『哲学的・政治的プロフィール』上、小牧治・村上隆夫訳、未来社、一九八四年
・テオドール＝ヘルツル『ユダヤ人国家』佐藤康彦訳、法政大学出版局、一九九一年
・ラウル＝ヒルバーグ『ヨーロッパ・ユダヤ人の絶滅』上・下、望田幸男・原田一美・井上茂子訳、柏書房、一九九七年
・A・ヒトラー『わが闘争』上下二冊、平野一郎・将積茂訳、角川文庫、一九七三年
・ホブズボーム『20世紀の歴史　極端な時代』上、河合秀和訳、三省堂、一九九六年
・スチュアート＝ヒューズ『大変貌』荒川幾男・生松敬三訳、みすず書房、一九七八年
・マーティン＝ジェイ『アドルノ』木田元・村岡晋一訳、岩波書店、一九八七年
・マーティン＝ジェイ『永遠の亡命者たち』今村仁司他訳、新曜社、一九八九年
・アルフレッド＝ケイジン『ニューヨークのユダヤ人たち』Ⅰ・Ⅱ、大津栄一郎・筒井正明訳、岩波書店、一九八七年
・クリヴィツキー『スターリン時代・第2版』根岸隆夫訳、みすず書房、一九八七年
・ラクー-ラバルト『政治という虚構　ハイデガー、芸術そして政治』浅利誠・大谷尚文訳、藤原書店、一九九二年
・プリーモ＝レーヴィ『アウシュヴィッツは終わらない』竹山博英訳、朝日新聞社、一九八〇年
・カール＝レーヴィット『ナチズムと私の生活』秋間実訳、法政大学出版局、一九九〇年
・ローザ＝ルクセンブルク『資本蓄積論』（第三編）太田哲男訳、同時代社、一九九七年
・西井一夫編『ホロコースト』（毎日ムックシリーズ・20世紀の記憶）毎日新聞社、一九九九年
・フリッツ＝リンガー『読書人の没落』（原著、一九六九年）西村稔訳、名古屋大学出版会、一九九一年
・B・スヴァーリン『スターリン』江原順訳、上下二冊、教育社、一九八九年

・エンツォ＝トラヴェルソ『ユダヤ人とドイツ』宇京頼三訳、法政大学出版局、一九九六年
・エリ＝ヴィーゼル『夜・夜明け・昼』みすず書房、村上光彦訳、一九八四年
・K・ヤスパース『哲学的自伝』（ヤスパース選集14）重田英世訳、理想社、一九六五年

写真提供

表紙カバー（ハンナ＝アーレント）　ARCHIVES, Bard College
口絵（講義中のアーレント）　New School University
四一頁（ハインリヒ＝ブリュッヒャー）　ARCHIVES, Bard College
二〇九頁（ニュー・スクール）　New School University
二一八頁（ハンナとハインリヒの墓）　ARCHIVES, Bard College

写真提供を援助してくださったのは、New SchoolのDonna-Marie PetersとBob Malikであり、Bard CollegeのAnnys N.Wilsonの諸氏である。

さくいん

【人名】

【事　項】

ハンナ＝アーレント■人と思想《しそう》180　　定価はカバーに表示

2001年12月14日　第1刷発行©
2016年9月25日　新装版第1刷発行©
2017年5月30日　新装版第2刷発行

・著　者 …………………………………… 太田《おおた》　哲男《てつお》
・発行者 …………………………………… 渡部　哲治
・印刷所 ……………………………… 広研印刷株式会社
・発行所 ………………………… 株式会社　清水書院

〒102-0072　東京都千代田区飯田橋3-11-6
Tel・03(5213)7151〜7
振替口座・00130-3-5283
http://www.shimizushoin.co.jp

検印省略
落丁本・乱丁本は
おとりかえします。

CenturyBooks

Printed in Japan
ISBN978-4-389-42180-9

CenturyBooks

清水書院の〝センチュリーブックス〟発刊のことば

近年の科学技術の発達は、まことに目覚ましいものがあります。月世界への旅行も、近い将来のこととして、夢ではなくなりました。しかし、一方、人間性は疎外され、文化も、商品化されようとしていることも、否定できません。

いま、人間性の回復をはかり、先人の遺した偉大な文化を継承して、高貴な精神の城を守り、明日への創造に資することは、今世紀に生きる私たちの、重大な責務であると信じます。

私たちがここに、「センチュリーブックス」を刊行いたしますのは、人間形成期にある学生・生徒の諸君、職場にある若い世代に精神の糧を提供し、この責任の一端を果たしたいためであります。

ここに読者諸氏の豊かな人間性を讃えつつご愛読を願います。

一九六七年

SHIMIZU SHOIN

【人と思想】既刊本

老子	高橋 進
孔子	内野熊一郎他
ソクラテス	中野 幸次
釈迦	副島 正光
プラトン	中野 幸次
アリストテレス	堀田 彰
イエス	八木 誠一
親鸞	古田 武彦
ルター	小牧 治 泉谷周三郎
カルヴァン	渡辺 信夫
デカルト	伊藤 勝彦
パスカル	小松 摂郎
ロック	浜林正夫他
ルソー	中里 良二
カント	小牧 治
ベンサム	山田 英世
ヘーゲル	澤田 章
J・S・ミル	菊川 忠夫
キルケゴール	工藤 綏夫
マルクス	小牧 治
福沢諭吉	鹿野 政直
ニーチェ	工藤 綏夫

J・デューイ	山田 英世
フロイト	鈴村 金彌
内村鑑三	関根 正雄
ロマン=ロラン	村上 嘉隆 村上 益子
孫文	横山 英 中山 義弘
ガンジー	坂本 徳松
レーニン（品切）	中野 徹三 高岡健次郎
ラッセル	金子 光男
シュバイツァー	泉谷周三郎
ネルー	中村 平治
毛沢東	宇野 重昭
サルトル	村上 嘉隆
ハイデッガー	新井 恵雄
ヤスパース	宇都宮芳明
孟子	加賀 栄治
荘子	鈴木 修次
アウグスティヌス	宮谷 宣史
トーマス・マン	村田 經和
シラー	内藤 克彦
道元	山折 哲雄
ベーコン	石井 栄一
マザーテレサ	和田 町子
中江藤樹	渡部 武
ブルトマン	笠井 恵二

本居宣長	本山 幸彦
佐久間象山	奈良本辰也 左方 郁子
ホッブズ	田中 浩
田中正造	布川 清司
幸徳秋水	絲屋 寿雄
スタンダール	鈴木昭一郎
和辻哲郎	小牧 治
マキアヴェリ	西村 貞二
河上肇	山田 洸
アルチュセール	今村 仁司
杜甫	鈴木 修次
スピノザ	工藤 喜作
ユング	林 道義
フロム	安田 一郎
マイネッケ	西村 貞二
エラスムス	斎藤 美洲
パウロ	八木 誠一
ブレヒト	岩淵 達治
ダンテ	野上 素一
ダーウィン	江上 生子
ゲーテ	星野 慎一
ヴィクトル=ユゴー	辻 昶 丸岡 高弘
トインビー	吉沢 五郎
フォイエルバッハ	宇都宮芳明

平塚らいてう	小林登美枝
フッサール	加藤精司
ゾラ	尾崎和郎
ボーヴォワール	村上益子
カール＝バルト	大島末男
ウィトゲンシュタイン	岡田雅勝
ショーペンハウアー	遠山義孝
マックス＝ヴェーバー	住谷一彦他
D・H・ロレンス	倉持三郎
ヒューム	泉谷周三郎
シェイクスピア	福田陸太郎 菊川倫子
ドストエフスキイ	井桁貞義
エピクロスとストア	堀田彰
アダム＝スミス	浜林正夫 鈴木亮
ポパー	川村仁也
フンボルト	西村貞二
白楽天	花房英樹
ベンヤミン	村上隆夫
ヘッセ	井手賁夫
フィヒテ	福吉勝男
大杉栄	高野澄
ボンヘッファー	村上伸
ケインズ	浅野栄一
エドガー＝A＝ポー	佐渡谷重信

ウェスレー	野呂芳男
レヴィ＝ストロース	吉田禎吾他
ブルクハルト	西村貞二
ハイゼンベルク	小出昭一郎
ヴァレリー	山田直
プランク	高田誠二
ラヴォアジエ	中川鶴太郎
T・S・エリオット	徳永暢三
シュトルム	宮内芳明
マーティン＝L＝キング	梶原寿
ペスタロッチ	長尾十三二 福田弘
玄奘	三友量順
ヴェーユ	冨原眞弓
ホルクハイマー	小牧治
サン＝テグジュペリ	稲垣直樹
西光万吉	師岡佑行
ヴァイツゼッカー	加藤常昭
メルロ＝ポンティ	村上隆夫
オリゲネス	小高毅
トマス＝アクィナス	稲垣良典
ファラデーとマクスウェル	後藤憲一
津田梅子	古木宜志子
シュニツラー	岩淵達治

タゴール	丹羽京子
カステリョ	出村彰
ヴェルレーヌ	野内良三
コルベ	川下勝
ドゥルーズ	鈴木亨
「白バラ」	関楠生
リジュのテレーズ	菊地多嘉子
リッター	西村貞二
プルースト	石木隆治
ブロンテ姉妹	青山誠子
ツェラーン	森治
ムッソリーニ	木村裕主
モーパッサン	村松定史
大乗仏教の思想	副島正光
解放の神学	梶原寿
ミルトン	新井明
ティリッヒ	大島末男
神谷美恵子	江尻美穂子
レイチェル＝カーソン	太田哲男
オルテガ	渡辺修
アレクサンドル＝デュマ	辻昶 稲垣直樹
西行	渡部治
ジョルジュ＝サンド	坂本千代
マリア	吉山登

ラス=カサス	染田秀藤
吉田松陰	高橋文博
パステルナーク	前木祥子
パース	岡田雅勝
南極のスコット	中田修
アドルノ	小牧治
良寛	山崎昇
グーテンベルク	戸叶勝也
ハイネ	一條正雄
トマス=ハーディ	倉持三郎
古代イスラエルの預言者たち	木田献一
シオドア=ドライサー	岩元巌
ナイチンゲール	小玉香津子
ザビエル	尾原悟
ラーマクリシュナ	堀内みどり
フーコー	今村仁司・栗原仁
トニ=モリスン	吉田廸子
悲劇と福音	佐藤研
リルケ	星野慎一・小磯仁
トルストイ	八島雅彦
ミリンダ王	森祖道・浪花宣明
フレーベル	小笠原道雄
ヴェーダからウパニシャッドへ	針貝邦生
ベルイマン	小松弘
アルベール=カミュ	井上正
バルザック	高山鉄男
モンテーニュ	大久保康明
ミュッセ	野内良三
ヘルダリーン	小磯仁
チェスタトン	山形和美
キケロー	角田幸彦
紫式部	沢田正子
デリダ	上利博規
ハーバーマス	小牧治・村上隆夫
三木清	永野基綱
グロティウス	柳原正治
シャンカラ	島岩
ハンナ=アーレント	太田哲男
ミダース王	西澤龍生
ビスマルク	加納邦光
オパーリン	江上生子
アッシジのフランチェスコ	川下勝
スタール夫人	佐藤夏生
セネカ	角田幸彦
ペテロ	川島貞雄
ジョン・スタインベック	中山喜代市
漢の武帝	永田英正
アンデルセン	安達忠夫
ライプニッツ	酒井潔
アメリゴ=ヴェスプッチ	篠原愛人
陸奥宗光	安岡昭男